KB111065

음식 트렌드를 찾는 서울대 푸드비즈랩의
좌충우돌 미각 탐험기

문정훈 그리고 서울대학교 푸드비즈랩 지음

플루토

머리말

　지금 이 글을 쓰는 곳은 일본 도쿄 니혼바시에 위치한 한 레지던스다. 2020년 설연휴 저녁 8시 40분을 막 넘어선 지금 우리 푸드비즈랩 멤버 셋은 죽음의 문 앞에 서 있다, 아니 쓰러져 있다. 다 죽어가면서도 출판사의 독촉으로 머리말을 쓰고 있는 이 책이 출간될 즈음인 몇 주 후에도 살아 있다면 나는 스페인의 사라고사에서 또 다른 푸드비즈랩 연구원 세 명과 접선하고 있겠지. 그리고 스페인의 과학자들은 우리를 또 다른 죽음의 문턱으로 안내할 것이다.

　우리는 오늘 65개의 바다 단백질 제품을 먹었다. 정확히 말하자면 시식했다. 다음과 같은 연구주제 때문이었다.

　'무엇이 혁신적인 바다 단백질 기반(생선, 조개, 어묵 등) 식품

일까?' 그리고 좀 더 구체적으로 '대한민국 소비자들이 선호할 만한 바다 단백질 기반 간편식에는 어떤 특성이 있어야 할까?'다.

이 질문에 대한 답을 찾기 위해 일본에서 65개 제품을 시식했고, 우리는 과식으로 죽음의 문턱에서 버티고 있다. 누군가는 이렇게 이야기할 것이다.

"아니, 그걸 왜 다 삼켜요? 시식인데 맛만 보고 뱉으면 안 되나요?"

물론 된다. 하지만 음식을 뱉으면 하나를 놓친다. 바로 목넘김이다.

식품과 음료를 구성하는 중요한 요소 중 하나는 식감texture이고, 식감을 구성하는 중요한 요소 가운데 하나는 목넘김이다. 그래서 우리는 웬만해선 시식할 때 음식을 뱉지 않는다. 식품 관능sensory(이건 또 뭐냐고? 이 책에 자주 나온다) 교과서에선 삼키지 말고 뱉으라고 하지만 우리는 우리 방식대로 한다. 그래서 모두 삼킨다.

이렇게 해서 우리는 오늘 생선과 조개, 새우 등을 가공해 만든 65종의 냉장음식과 냉동음식을 먹었고, 몇 가지 재밌는 힌트도 얻었다. 살짝 예를 들면 이런 거다.

된장국물에 끓인 어묵탕도 상품성이 있다는 점, 건강을 중요하게 생각하는 우리나라 소비자들에겐 어묵탕 제품에 어묵보다 무와 채소류가 더 많이 들어가는 것이 매력적일 수 있겠다는 점, 그리고 이를 위해서는 무를 비롯한 채소의 식감을 잘 보존하는 방법을 연구할 필요가 있다는 점이다. 우리는 편안한 위장 상태와 맞바꾼 소중한 힌트 하나하나를 노트에 기록하고 있다.

그리하여 65개의 제품 시식으로 다 죽어가는 이 절체절명의 순간에 극악한 출판사 사장님이 일본으로 전화해서 "빨리 끝내주시죠?" 독촉한다. 배 터져 죽더라도 머리말은 끝내고 죽으란 말인가요?

일본에서 만난 혁신 제품들은 시작일 뿐이다. 우리의 바다 단백질 연구를 위해 유럽의 기라성 같은 기업들에 도움을 요청했더니 꽤 많은 곳에서 관심을 보였다. 우리의 식탁을 더욱 풍성하고 편리하게 해줄 영국, 독일, 스페인의 유명 단백질 제품 제조기업의 마케터들과 식품과학자들을 앞으로 몇 주 동안 만나게 될 것이다.

그들이 만들어내고 있는 혁신은 무엇일까? 어떤 요소가 우리 소비자들을 더 행복하게 만들어줄까? 해답을 찾기 위해 우리 서울대학교 푸드비즈랩은 위장을 비워놓고 세계로 나아간다. 이 연구의 상세한 내용은 운 좋게 몇 년 후 이 책의 2권이 나오면 아시게 될 것이다.

자, 우리 랩의 구호부터 한번 외치고 시작하자!

"누가 좋아서 먹나, 일이니까 먹지!"

무엇을 위해? 더 잘 먹고, 더 잘 마시고, 더 잘 노는 세상을 만들기 위해!

그게 행복 아닌가?

푸드비즈랩을 대표하여 문정훈

푸드비즈랩의 시작

2011년 9월 추석 연휴 때의 일이다. 한국과학기술원KAIST 경영과학과에서 교수로 재직하다가 서울대학교 농경제사회학부로 옮긴 지 1년이 막 지난 때였다. 당시 나는 농림축산식품부 산하 국가식품 클러스터 지원센터의 요청으로 그쪽 직원 분들과 함께 유럽 출장 중이었다. 네덜란드 바게닝겐대학교와 스웨덴 룬드대학교를 방문했는데, 이 두 대학은 내가 알고 있던 일반적인 대학과는 달랐다.

공간적으로나 개념적으로나 학교 안과 밖의 경계가 모호했다. 무슨 말이냐면, 내가 방문한 곳이 대학인지 기업인지 구분하기가 어려웠다는 이야기다. 그곳에는 교수도 연구원도 직원도 기업인도 아닌 듯하고 모호한 일을 하는 사람들이 많았다. 아니, 정확히 말하면 교수이자 연구원이자 대학 직원이면서 기업인인 것 같은 사람들이 일을 하고 있었다.

나중에 알게 되었지만, 네덜란드와 스웨덴을 대표하는 이 두 대학이 지향하는 바는 서울대학교가 지향하는 바와 달랐다. 우리가 흔히 아는 대학들이 연구중심 대학이라면, 이 두 대학은 기업가적 대학entrepreneurial university이다. 국내 주요 대학들은 지난 20여 년간 연구역량을 키워 글로벌 연구중심 대학이 되기 위해 노력해왔고, 정부도 막대한 국가 연구개발R&D 자금을 투입했다. 우리나라의 국내총생산GDP 대비 연구개발 투입 비율은 전 세계적으로 압도적인 1위다. 현재 국내 여러 대학의 연구 실적은 다른 나라의 대학들과 어깨를 나란히 한다. 그런데 이러한 연구결과가 산업에 미치는 영향을 나타내는 지표인 '기술산업화 지표'는 무척 낮다. 즉 대학의 연구가 산업과 함께 가지 못하고 있다는 의미다.

반면 기업가적 대학은 연구 그 자체보다는 실질적인 가치를 창출할 수 있는 방향으로 움직인다. 이를 위해 대학의 담벼락을 허물고 지역 사람들과 지역 기업, 여러 산업 분야와 함께 연구하고 무언가를 만들어나간다. 농업과 식품 쪽 연구역량이 강한 바게닝겐대학교가 이렇게 담벼락을 허물자, 바게닝겐 지역에 전 세계의 농업기업과 식품기업들이 몰려들기 시작했다. 대학교와 그 인근에 연구소와 연락사무소를 세우고 교류하며 무언가를 하기 시작했다. 마찬가지로 룬드대학교에도 바이오와 식품 관련 기업들이 몰려들었다. 대학 내에서는 해당 분야 스타트업들의 창업이 줄을 이었다. 이 두 지역은 전 세계 농업·바이오·식품 분야에서 최고의 가치를 창출하는 지역, 즉 클러스터cluster가 되었다.

두 대학의 교수들은 학생을 잘 가르치고 좋은 논문을 쓰는 것도 중요하지만, 인근에서 실질적으로 가치를 창출하고 있는 기업과 협업하고 봉사해야 한다. 이들은 언제나 자신의 전공 분야에 맞는 기업과 사람들과 함께 무언가를 만들어내고 있다. 그렇지 않으면 교수로서 좋은 평가를 받을 수가 없다.

자연히 이 지역에 고용이 창출되고, 사람들이 몰리며, 지식이 흘러넘치고, 그 결과 전 세계의 산업을 리드하게 되었다. 바게닝겐대학교 인근 지역을 우리는 푸드 밸리Food Valley라고 부른다. 전 세계 식품 혁신의 다수가 여기서 나온다. 룬드대학교 인근 지역에는 스코네 식품 혁신 네트워크가 형성되어 있다. 특히 식품 포장 쪽 혁신은 여기에서 다 나온다.

이 모습을 접한 나는 큰 충격을 받았다. 서울대학교는 대체

뭐 하고 있는가! 그리고 나는 뭘 하고 있는가! 그렇게 교수로서 나의 길은 방향이 바뀌었다. 비행기를 타고 돌아와 인천국제공항에 내렸을 때 난 이미 달라져 있었다.

서울대학교 푸드비즈니스랩, 줄여서 푸드비즈랩은 이때 그 첫걸음을 떼고 있었다. 방향은 쉽게 정해졌다. '농식품 분야에서 훌륭한 연구역량을 키우고 기여하자'는 우리 랩의 미션이 '더 잘 먹고, 더 잘 마시고, 더 잘 노는 세상을 만들자'라는 더욱 구체적인 내용으로 바뀌었다. '2011년 추석의 충격' 이후 우리는 1차 생산을 담당하는 농부들과 함께 연구하고, 외식업체의 문제를 해결하기 위해 셰프와 협업하며, 식품기업의 마케터들과 함께 시장을 고민하는 쪽으로 방향을 바꾸었다. 연구주제는 매우 구체적이고, 농식품 산업의 문제를 해결하는 쪽으로 바뀌었다. 푸드비즈랩은 음식과 관련된 산업 분야의 탐구자, 해결사가 되고자 한다. 이 책은 그 과정에서 일어난 여러 에피소드, 그 투쟁의 역사를 담고 있다.

푸드비즈랩은 정말 이 세상을 더 잘 먹고, 더 잘 마시고, 더 잘 노는 세상으로 만드는 데 일조하고 있을까? 여러분이 읽고 판단해주시길 바란다. 더 잘 먹고, 더 잘 마시고, 더 잘 노는 그 세상에는 행복이 흘러칠 것이라고, 우린 믿고 있다.

차례

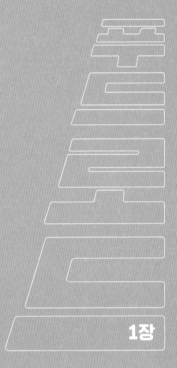

1장

눈으로 맛보는 '맛'의 세계

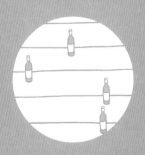

나 같은 1차 생산자가 제품을 판매하려 할 때 가장 아쉬운 게 전문가의 분석과 의견이다. 바다에서 직접 잡아 소비자들 취향에 맞게 가공한 멸치를 적절한 유통채널에 제대로 소개하고 싶었지만, 쉽지 않은 일이었다. 게다가 '멸치가 다 멸치지'라는 고정관념을 넘어서 다양한 멸치와 멸치 가공제품의 매력을 알리고 싶었기에 더욱 고민이 컸다. 그러다 SNS에서 문정훈 교수님을 알게 되었고, 푸드비즈랩으로부터 많은 도움을 받았다.

홍명완(다정수산 대표, 선장)

"교수님, 이제 그만 할게요. 정말 토할 것 같아요."

당시 울상이 되어 호소하던 학생들에게 사과하는 마음으로 이야기를 시작해야 할 것 같다. 원래 연구의 길은 고되고 토할 것만 같기 마련이다. 서울대학교 푸드비즈랩이 본격적으로 출범하기 직전에 수행한 연구에 관한 이 에피소드는 고되고 토할 것만 같은 연구가 어떻게 사회에 환원되며 새로운 꽃길을 열 수 있는지를 보여주는 사례라고 생각한다.

눈으로 맛보는 와인

한국 음식에 호기심이 있는 외국인 친구에게 막걸리의 맛을 설명해야 하는 상황을 상상해보자. 그러려면 있는 단어, 없는 단어를 총동원해야 할 것이다. 차라리 종로 광장시장으로 데려가 빈대떡에 막걸리를 대접하는 게 더 나을 수도 있다.

그렇다면 우리에게 와인은 어떨까? 와인 전문가로 인정받는 소믈리에의 설명들은 귀에 잘 들어오지 않는다. '미네럴리티가 살짝 터치하고 사라지면서 부르고뉴 소일의 짭조름한 향이 올라오다가 버터리한 프렌치 오크 캐스크의 풍미가 폭발하는…'이란 도대체 무슨 뜻인가? 대한민국 아저씨들의 와인 교과서 노릇을 하는 만화 《신의 물방울》에서는 이러한 묘사가 극단으로 치닫는다. '해질녘 석양이 붉게 물들고 주변에서 저녁밥을 짓고 있을 때, 공터의 풀냄새 때문에 집으로 오다가 길을 잃어서 울고 싶은 순간 상냥한 느낌의 남성이 와서 손을 뻗어 과자를 한 개 쥐여주는' 맛의 와인이란 대관절 어떤 맛이란 말인가?

어느 날 나는 인터넷에서 와인을 검색하고 있었다. 전 세계에서 가장 큰 온라인 와인 유통업체인 와인닷컴wine.com에서

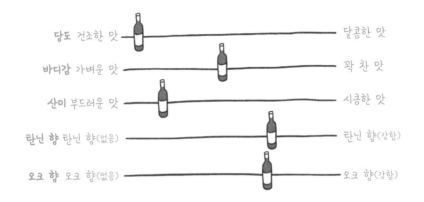

당도 건조한 맛			달콤한 맛
바디감 가벼운 맛			꽉 찬 맛
산미 부드러운 맛			시큼한 맛
탄닌 향 탄닌 향(없음)			탄닌 향(강함)
오크 향 오크 향(없음)			오크 향(강함)

이런 표 하나면 직접 맛보지 않아도
대략 내 입맛에 맞을지 어떨지를 눈으로 알 수 있지 않을까?

와인을 검색하다가 흥미로운 점을 발견했다. 판매 중인 와인에 맛을 시각화한 표가 붙어 있었다. 누구든 그리 어렵지 않게 와인의 맛과 향을 추측할 수 있는 그림이었다. 맛을 입이 아닌 눈으로 볼 수 있으니 '맛 시각화 그래프'라 할 만했다.

이 그래프를 보면, 소믈리에만큼은 아니더라도 와인의 맛을 꽤 그럴듯하게 설명할 수 있다. 당도, 바디감, 산미, 탄닌 향, 오크 향 등의 항목으로 나누어 그래프를 보면 얼추 그 맛을 짐작할 수 있기 때문이다. 당도가 높은 와인을 싫어하고 산미가 높지 않은 와인을 선호하는 나는 그에 맞는 와인을 구매하면 된다. 맛 시각화 그래프는 품질 문제가 아니라 취향의 문제를 해결해준다. 와인의 맛과 향에 관해 중요한 단서를 제공하기 때문이다.

맛이나 향, 그리고 이에 대한 판단은 사실 주관적인 감흥의 영역이어서 객관적인 언어로 전달하기가 쉽지 않다. 그러나 특정 재료에서 공통적으로 발견되는 특징들을 요소로 하여 실험을 반복하면 신뢰도 높은 값을 도출할 수 있다. 그것이 백이면 백, 모든 사람에게 통용되는 '맛의 절댓값'은 아닐지라도 '이 와인은 저 와인보다 훨씬 산뜻하고 새콤한 맛이 강합니다'라든가, '목 넘길 때 느낌이 묵직하고 끝맛이 조금 달

수 있습니다' 등의 이야기는 할 수 있다. 그래프로 간단히 소통할 수 있게 되는 것이다.

이 직관적인 그래프에 매료된 나는 와인뿐만 아니라 다양한 식품에 이 아이디어를 적용하면 어떨까, 하고 생각했다. 실제로 이런 그래프는 와인에 대한 정확한 정보를 제공할 뿐만 아니라 소비 증진에도 영향을 미친다. 특히 와인처럼 종류가 많아 이 제품이 입맛에 맞는지 안 맞는지를 판단하기가 어려운 경우, 그래프가 정보의 불확실성을 어느 정도 줄여줘 구매자가 쉽게 접근할 수 있다. 외국인 친구 앞에서 설명할 단어를 못 찾아 낭패를 봤던 분들, 무언가를 사고 싶어도 맛을 몰라 주저했던 분들도 이 그래프만 있다면 고민은 이제 안녕이다.

김치와 고추장을 눈으로 맛볼 수 있을까

당시 우리는 국내의 작은 업체나 농가가 생산하는 김치와 고추장에 관심이 있었다. 그 이유는 간단했다. 판매가 잘 안 되기 때문이었다. 마트에서 판매되는 제품들은 대개 대기업이 생산한 브랜드 김치, 고급 고추장들이다. 지역의 이름 없는 김치, 고추장들은 아무리 맛있고 풍미가 독특해도 소비자를 만날 기회를 갖기 어려운데, 이는 생산자나 소비자 모두에게 손해요, 억울한 처사다. 소규모 농가에서 만드는 김치나 고추장은 대부분 사람들이 몰라서 못 산다. 마케팅과 홍보에서 이미 불리할 수밖에 없는 제품들이 사람들에게 맛을 자랑하기도 전에 명맥이 끊길 위기에 놓여 있었다.

지역의 알려지지 않은 김치와 고추장은 오프라인 마트에 입점하기 어려우니 대부분 온라인 매장에만 들어가 있다. 그저 소비자가 클릭해서 '장바구니'로 옮기기만을 기다리고 있으나, 만만치 않은 일이다. 온라인 매장에서는 소비자들이 제품을 직접 맛볼 수 없으니 그 제품이 얼마나 매운지, 얼마나 짠지 알 수가 없다.

그래서 우리는 맛의 시각화 그래프가 온라인에서 많은 도움을 줄 수 있을 거라고 생각했다. 직접 맛볼 수 없다는 온라인의 한계를 극복하려면 결국 객관적이고 신뢰성 높게 검증한 질 높은 정보를 제공하는 수밖에 없다. 소비자의 구매를 위해 정확하고 적절한 정보를 제공하는 것이 식품 마케터의 역할이라면 바로 지금이 활약할 때다. 해결사들 출동!

탄생! 맛의 어벤저스 팀

지금 아주 간단했던 일처럼 이야기하고 있지만, 시작부터 우리는 농촌진흥청을 설득하는 데 상당한 시간과 노력을 들여야 했다. 지역에서 힘겹게 배추와 무 농사를 짓는 농업인들, 그리고 고유의 레시피로 전통 김치와 고추장을 만드는 사람들에게 도움이 될 수 있다는 간곡한 설명에 농촌진흥청도 결국 손을 내밀어주었다.

농촌진흥청에서 연구비까지 지원받았건만, 맛을 과학적으로 측정할 장비와 경험은 부족했다. 믿을 건 맛을 감별하겠다는 뜨거운 의지뿐이었다. 그래서 우리는 충남대학교 식품영양학과 김미리 교수님께 에스오에스 신호를 보냈다. 연구비가 넉넉하지 않았음에도 김미리 교수님은 흔쾌히 공동연구 제안을 받아들이고, 연구에서 가장 중요한 '맛의 수치'를 측정하는 부분을 맡아주셨다. 이렇게 해서 '맛 연합 어벤저스 팀'이 탄생했다.

우리는 일단 경기도에서 다양한 김치와 고추장을 파는 곳을 섭외했다. 찾아보니 경기도에서 운영하는 경기사이버장터kgfarm.gg.go.kr가 있었다. 우리는 여기서 판매되는 지역 농협이나 농가에서 만드는 김치와 고추장을 연구하기로 했다. 20종의 김치와 15종의 고추장을 구입해서 맛보는 것으로 연구를 시작했다. 시중 마트에서 파는 주요 기업들의 김치와 고추장 제품들도 구입해서 비교 시식을 했다. 그때만 해도 우리는 나름의 소명감과 기대감으로 들떠 있었다.

김치와 고추장의 맛을 결정하는 다섯 가지 요소

김치와 고추장의 맛을 시각적으로 보여주겠다는 우리의 실험은 생각보다 쉽지 않았다. 문제는 김치 맛에 관한 취향을 분류하는 기준을 어떻게 설정하느냐였다. 과연 사람들은 김치를 먹을 때 맛의 어떤 측면을 중요시할까? 한국 사람이라면 대부분 어려서부터 김치를 늘상 먹기 때문에 김치 맛과 관련해서 저마다 까다로운 기준이 있다. 잘 익은 김치를 한 입 물었을 때 다양한 맛들이 입안에서 차례차례 홍수처럼 쏟아지며 퍼지는 맛의 향연을 대체 어떤 기준으로 설명할 것인가? 그렇다고 그래프가 복잡해져선 안 된다. 누구나 한눈에 파악할 수 있는 직관적인 설명이 필요했다.

논의 끝에 나온 것이 단맛, 짠맛, 매운맛, 신맛 네 가지였다. 그런데 뭔가 부족했다. 하나가 더 있어야 할 듯했다. 그러자 김미리 교수님 연구팀에서 감칠맛을 추가하자고 제안했다. 그럴듯하다! 그런데 감칠맛 싫어하는 사람도 있나? 김치에서 단맛은 호불호가 있다. 짠맛도, 매운맛도, 신맛도 호불호가 갈린다. 그런데 한국인은 누구나 감칠맛을 사랑한다. 그러면 감칠맛의 많고 적음은 취향의 문제가 아니라 품질의 문제가 되어버린다. 더군다나 감칠맛이 적다는 그래프를 본 소비자가 그 제품을 사고 싶어 할까? 오해를 사기 쉬운 부분인지라 기각.

고민에 고민을 거듭했다. 그러나 의외로 답은 가까이에 있었다. 개인적인 이야기를 살짝 하자면, 나는 부산 사람이다. 대학 진학을 위해 서울로 이사했고, 시간이 흘러 인생의 중요한 목표였던 '서울 여자와 결혼하는 것'을 달성했다. 그리고 서울 며느리가 부산 시댁에 와서 처음으로 밥을 먹던 날, 그녀는 젓가락으로 묵은 배추김치를 집어 들다가 말문이 헉 막히며 동공이 확장되는 체험을 하게 된다. 집어든 김치 아래에 곰삭은 생선 대가리가 다소곳하게 누워 있었기 때문이다. 그렇다. 젓갈이었다. 한반도의 남쪽 바닷가에서는 생선을 토막 낸 다음 그대로 김치에 넣어서 함께 발효시킨다. 시원한 맛과 함께 폭발하는 젓갈 향! 그런데 서울 김치에는 매우 부족한 그 젓갈 향! 그래서 마지막에 추가된 것이 바로 '젓갈 향'이었다. 서울 사람들은 주로 새우젓 정도를 넣지만, 지역에 따라 김치에 넣는 젓갈 종류도 다양하거니와 취향에 따라 기호가 다양한 것이 젓갈 향이니 김치의 개성을 시각화하기 위한 항목으로 제격이었다.

고추장도 김치와 비슷했다. 전체적인 맛을 단맛, 짠맛, 매운맛, 신맛으로 분류했더니 역시 뭔가 하나가 빠졌다는 생각이 강하게 들었다. 회의에서 김미리 교수님은 작지만 확신에 찬 목소리로 본인의 의견을 말씀해주셨다.

"아시겠지만 저희가 시중에서 파는 고추장이랑 각 지역 농가에서 만든 고추장을 다 먹어봤거든요. 근데 확연하게 차이가 나는 게 있었어요."

"아, 뭔가요?"

"메주 향요. 대기업이 판매하는 고추장에서는 메주 향이 거의 느껴지지 않아요. 제조 과정상 메주를 띄우기도 힘들겠죠. 반면에 각 지역 농가에서 만든 제품에선 모두 어느 정도 이상의 메주 향이 느껴집니다."

메주라. 나는 메주의 향을 잘 모른다. 부산 메트로폴리탄

에어리어에서 자란 나는 메주에 대한 경험이 없다. 김미리 교수님이 덧붙였다.

"시골에서 자란 경험이 없는 요즘 도시 주부들은 메주를 띄워 만든 고추장을 먹으면 오히려 텁텁하다고 이야기하기도 해요. 반면에 시골에서 자랐거나, 시골에 계신 할머니가 담가 보내주신 고추장을 먹고 자란 사람들은 그 맛을 잘 기억하고 익숙해해요. 맛있다고 생각하고요."

그리하여 우리 어벤저스 팀은 마지막에 메주 향을 추가했다. 메주 향이 강한 고추장은 전통적인 방식으로 만들었지만 소비자의 호불호가 갈릴 수 있으니 그 차이를 미리 알려줄 필요가 있었다. 메주 향은 고추장 맛에 대한 취향을 분류할 확실한 기준인 셈이었다.

맛의 조화는 측정하기 힘들다

본격적인 실험을 시작한 우리는 가장 먼저, 시중에 출시된 거의 모든 김치와 고추장의 맛을 측정하기로 했다. 어떻게 하면 될까? 첫 단계에선 최대한 객관적인 기준을 마련하기 위해 측정 기계로 맛을 측정했다. 단맛은 당도계, 짠맛은 염도계, 신맛은 산도계, 매운맛은 스코빌 지수를 측정하는 크래마토그래피를 활용했다. 이 기계들은 음식의 달고, 짜고, 매운 정도를 냉철하게 알려준다. 그러나 그 값을 안다 한들 우리가 맛을 완벽히 알았다고 말할 수 있을까?

기계와 달리 인간은 음식을 먹을 때 각각의 맛이 동시에 입 안에서 섞이며 어우러지는 '조화'를 맛으로 경험한다. 인간이 입안에서 느끼는 맛은 여러 맛이 상호작용하여 조화된 맛이다. 이 때문에 실제로는 엄청 짠맛이 다른 맛과 상호작용하여 덜 짜게 느껴지기도 한다. 맛의 세계란 생각할수록 심오하다.

찌개를 끓인다고 가정해보자. 찌개를 끓이다가 더 달게 만들고 싶으면 설탕을 넣는다. 설탕을 넣으면 더 달아진다. 그런데 설탕이 너무 많이 들어가면 문제가 생긴다. 인간의 뇌는 더 달다고 느끼기보다는 설탕 특유의 느끼한 향만 강해진다는 신호를 받는다. 동시에 우리는 찌개가 망했음을 깨닫는다. 이 경우 단맛을 내고 싶다면 무작정 설탕을 넣지 말고 소금을 살짝 넣어보자. 세상에, 단맛이 용솟음치며 살아 올라온다. 설탕을 넣지 않았음에도 더 달게 느껴진다. 당도계로 측정해보면 실제로는 당도가 변하지 않았다. 그저 맛이 상호작용한 것뿐이다.

찌개가 너무 짤 때는 어떻게 해야 할까? 찌개에 물을 넣으면 전반적으로 맛이 옅어져버린다. 해결책은 단맛이 나는 양파를 넣어서 조금 더 끓이거나 설탕 반 스푼을 넣는 것이다. 그럼 놀랍게도 짠맛이 가신다. 염도계로 측정해보면 염도는 별다른 변화가 없다. 역시 맛의 상호작용 효과다.

이렇듯 인간은 맛을 개별적으로 느끼는 게 아니라 상호작용으로 동시에 경험한다. 인간이 실제 느끼는 '맛의 조화'에 최대한 가깝게 측정하기 위해서는 기계만으로는 부족했다. 그래서 우리는 첫 번째 단계에서 측정기로 각 맛들을 측정한 후, 두 번째 단계에서 충남대학교 식품영양학과 학부 학생들 30명을 연구에 참여시켰다. 이 친구들은 직접 맛을 보며 자신이 느낀 맛을 수치화하는 역할을 맡았다. 이런 실험을 관능실험sensory test이라고 한다.

관능실험에 동참해준 30명의 학생들에게 이 글을 통해 다시 한 번 감사인사를 전한다. 정확한 실험과 냉철한 분석을 위해 그들은 한 달 동안 매일 매일 반복하여 김치를 먹었다. 해당 제품군에 대한 미각 훈련이 되지 않으면 맛을 수치화할 수 없기 때문이다. 김치를 먹고 물로 입을 헹구고, 다시 다른

관능 전문가가 되는 길은 험하고 가파르다.
그래. 오르기 전에 미소를 기억해두자.
오랫동안 못 볼지 몰라.

김치를 먹고 입을 헹구는 고역은 모두의 미각을 요리 만화의 심사위원처럼 섬세한 맛을 구분할 수 있는 수준까지 단련시켰다. 그렇다면 고추장은? 고추장을 다른 반찬도 없이 연거푸 먹는 훈련을 즐기는 사람은 거의 없다. 토할 것 같다고, 그만 하고 싶다고 애원하는 학생들이 속출했다. 하지만 연구를 중간에 포기할 순 없었다. 모두들 눈물을 머금고, 남은 실험을 계속 이어나갔다. 실로 존경스러운 학생들이었다.

자, 이제 본게임에 들어간다. 고도로 훈련된 김치와 고추장 테이스터들에게 시중에서 판매되는 대기업의 김치와 고추장부터 차례로 제공했다. 김치는 생산한 지 일주일 이내의 제품으로 제한했다. 왜냐하면 김치는 발효가 진행될수록 신맛이 강해지기 때문이다. 측정기계가 제시하는 숫자에 관능실험 패널들이 제시하는 수치를 적용하여 보정한 후 결괏값을 산출했다. 제품별 짠맛, 단맛, 신맛, 매운맛, 젓갈 맛, 메주 맛(엄밀하게는 젓갈 향과 메주 향)에 대한 값들이 쏟아져 나오기 시작했다. 이 자료들을 취합한 우리는 대기업이 생산하는 모든 김치, 고추장 제품의 각 맛의 평균값을 도출했다. 다음 그림에서 동그라미로 표시된 것이 당시 대한민국 김치와 고추장의 평균적인 맛이다.

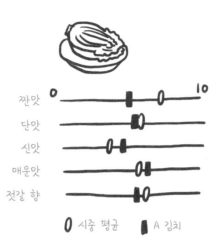

짠맛   0 ————————————————— 10

단맛 ————————————————————

신맛 ————————————————————

매운맛 ————————————————————

젓갈 향 ————————————————————

0 시중 평균   ▮ A 김치

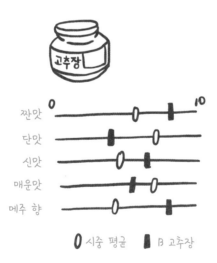

짠맛   0 ————————————————— 10

단맛 ————————————————————

신맛 ————————————————————

매운맛 ————————————————————

메주 향 ————————————————————

0 시중 평균   ▮ B 고추장

하지만 학생들의 고통은 끝나지 않았다. 이번에는 지역의 농가, 영세업체가 생산한 김치와 고추장들을 하나하나 맛볼 차례였다! 학생들이 제품 맛을 보며 도출한 수치를 기계가 측정했던 수치로 보정하여 최종값을 산출했다. 이렇게 고통스러운 과정을 거쳐 김치 10종, 고추장 8종의 맛의 시각화 그래프 18개가 완성되었다. 왼쪽 그림에서 네모로 표시된 것이 지역에서 생산한 김치와 고추장의 맛이다.

맛을 시각화하면 판매에 도움이 될까

우리는 이 제품들을 판매하는 경기사이버장터 제품 페이지에 맛의 시각화 그래프를 삽입하기로 했다. 왜? 정말 판매에 도움이 되는지 확인해야 하니까! 일단 맛의 시각화 그래프를 제공하기 전에 한 달간 제품별 판매 추이를 파악했다. 판매되고 있는 모든 김치, 고추장 제품에 대한 조사를 끝낸 후에 드디어 맛의 시각화 그래프를 각 제품 페이지에 삽입했다. 이때 전체 제품의 절반에는 맛의 시각화 그래프를 적용하고, 나머지 절반에는 적용하지 않았다. 이제부터는 실제로 고객들이 웹사이트에서 구매를 하는 것이다. 우리는 떨리는 마음으로 결과를 기다렸다. 과연 그래프를 적용한 김치와 고추장이 더 많이 판매될까?

결과가 나오는 마지막 날까지 전전긍긍의 연속이었다. 우리의 논리는 이러했다. 맛의 시각화 그래프를 접한 고객들은 해당 제품이 입맛에 맞을지 맞지 않을지, 입으로 맛보지 않아도 눈으로 맛볼 수 있을 것이다. 고객들은 정보가 부족하면 불확실성을 느낀다. 잘 모르고 샀다가 입맛에 안 맞으면 어떡할 텐가? 나는 단맛 나는 김치를 싫어하는데 이 김치가 달면 어떡하지? 이런 우려가 생기면 합리적인 소비자는 구매를 하지 않는다. 맛의 시각화 그래프는 구매 과정에서 불확실한 정보를 극복하게 해줄 거라고 생각되었다.

반면에 걱정되는 측면도 있었다. 맛에 관해 구체적인 정보를 제공하면 충동구매가 사라져버려서 오히려 매출이 줄지 않을까 하는 걱정이었다. 소수이긴 하지만 지르는 스타일의 고객들은 어차피 먹어보기 전엔 모르니 일단 한번 사보자고 생각하고 구매하는데, 이제 이런 행동은 맛의 시각화 그래프가 등장함으로써 줄어들 것이다. 그래서 매출이 줄어들면? 이 연구가 오히려 농가들에 피해를 주면 어떡하지?

현장과 함께하는 푸드비즈랩

드디어 기다리고 기다리던 결과 발표날. 우리는 두근거리는 마음으로 매출 데이터를 받아 통계를 분석했다. 결과는? 성공적이었다. 맛의 시각화 그래프를 제공한 제품은 그렇지 않은 제품에 비해 한 달 전보다 매출이 눈에 띄게 높아졌다. 결과를 꼼꼼히 살펴보니 재미있는 현상이 관찰되었다. 맛의 시각화 그래프를 곁들인 제품은 고객들이 한 번 구매할 때 많이 샀다. 즉 그래프 덕택에 이 김치, 이 고추장의 맛이 내 입맛에 맞을 것이라는 확신이 생기니 용량이 큰 제품을 사거나 한 번에 여러 개를 사는 구매 패턴이 나타났다.

우리는 곧장 경기사이버장터 관계자들에게 소식을 전했다. 실험결과에 고무되어 모두들 기뻐했고, 매출이 오른 지역 김치, 고추장 생산·판매 업체들도 고마움을 표했다. 이런 고마움의 말을 들으면 뭔가 뿌듯하면서 수줍은 마음이 드는데, 마치 꽃이 화사하게 피어오르는 길을 걷는 느낌이랄까.

현장에 실질적으로 도움을 준 이 연구는 앞으로 푸드비즈랩이 향해야 할 연구 지향점을 설정해주었다. 우린 현장과 함께하고 현장에 도움을 준다!

후기를 짧게 얘기하자면, 그해 연말 농촌진흥청에서 연구 결과를 보고하자 관계자들이 신선한 충격을 받은 듯했다. 관계자들은 맛의 시각화 그래프를 각 지방자치단체의 농산물 가공품에 적용하는 계획을 추진했다. 이듬해 몇몇 지방자치단체에서 우리의 연구 보고서를 바탕으로 자체 연구를 시작했다. 물론 연구가 쉽진 않았다. 실험 과정을 소화할 수 있는 장비와 인력을 갖춘 곳이 많지 않았기 때문이다. 그럼에도 우리의 연구가 경기도 농가 소득에 조금이나마 기여할 수 있었다는 점, 그리고 음식의 맛을 시각화한 그래프가 소비자의 구매 결정에 긍정적인 영향을 준다는 것이 증명되었다는 점은 고무적이었다.

벌써 10년 전의 일이지만 지금도 경기사이버장터 홈페이지에는 우리 맛 어벤저스 연합, 그리고 30명의 충남대학교 식품영양학과 학생들이 도와준 결과물이 몇몇 제품에 남아 있다. 지금도 나는 흐뭇한 마음과 함께 해결사로서의 보람을 느낀다. 솔직히 그 김치와 고추장의 맛이 10년 전이나 지금이나 똑같다고 보장하기는 어렵지만 말이다.

미식가를 위한 팁

제품의 품질에는 좋고 나쁨이 있지만, 취향에는 좋고 나쁨이 없습니다. 품질에서 핵심은 얼마나 좋은 원료를 썼는지, 위생과 안전 그리고 영양소가 어떠한지를 따져보는 것이지요. 이런 품질의 문제에는 타협의 여지가 없습니다. 그러나 취향의 문제에서는 내 입맛에 맞는지, 또 어떤 상황에서 소비할 것인지를 고려해야 합니다. 즉 내 취향이 무엇인지, 어떤 요인이 내 취향을 만족시켜주는지 찾아보세요. 내 취향에 맞는 제품이 있다면 왜 그런지를 아는 것이 중요합니다. 그러면 실패가 없지요. 특정 브랜드의 김치가 입맛에 맞거나 맞지 않다면 왜 그런지 이유를 아는 것이 중요합니다. 젓갈 종류 때문인지, 고춧가루의 특성 때문인지, 배추의 품종 때문인지 등에 관한 조사를 조금만 해보세요. 과자나 음료, 고기도 마찬가지입니다. 품질과 취향은 다른 개념입니다! 이것이 바로 미식가가 되는 길이기도 하죠.

비즈니스를 위한 제안

고객들은 음식이나 재료를 구매할 때 불확실성이 있으면 구매를 꺼립니다. 그 불확실성은 품질의 문제 때문일 수도 있습니다만 취향의 문제에서 오는 경우가 오히려 더 클 수 있습니다. 품질의 문제는 가장 기본적으로 해결해야 할 문제입니다. 기본적인 품질의 불확실성 문제를 해결하고 나면 그다음엔 취향에서 오는 불확실성을 해결해야 합니다. 특히 음식은 오감을 활용하며 소비하는 상품이어서 불확실성이 더 크죠. 샀다가 입맛에 안 맞으면 큰 낭패거든요. 비쌀수록 이 불확실성은 더 강하게 구매 욕구를 저하시킵니다. 그렇다고 해서 맛보기로 모든 고객에게 다 먹여보고 팔 수는 없지요. 이럴 때는 맛에 대한 간단한 시각화 그래프를 잘 활용해보십시오. 특히 상품을 제대로 만져볼 수 없는 온라인에서는 이 시각화 그래프가 더 효과적입니다. 오프라인이라면 포장에 표기하는 방법이 있고, 매대 라벨지에 표기하는 방법도 있습니다. 이미 와인 소매업계에서는 이 방법을 많이 활용하고 있다는 사실, 잘 아시죠?

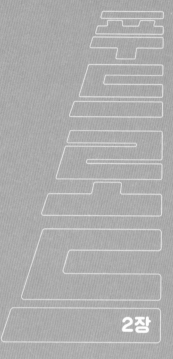

2장

아무 말 없이 와인 권하기

3년 전 문정훈 교수님은 일면식도 없는 웬 어부에게서 황당한 페이스북 메시지를 받는다.

"교수님, 안녕하세요. 보령에서 멸치 잡는 어부입니다. 저희 브랜드 네임에 소비자 분들께 전달할 문구가 추가되면 좋겠는데, 전문가의 견해를 듣고 싶습니다."

대꾸도 안 해주면 어쩌나 걱정한 게 무색할 정도로 문 교수님은 적극적으로 함께 고민하고 어울리는 문구를 몇 번이나 제안해주셨다. 그렇게 해서 우리 '바다닮아'에 어울리는 Fisherman's choice가 탄생했다.

항상 생산자의 입장에서 고민하시는 문정훈 교수님과 푸드비즈랩 연구원들은 오늘도 생산자의 가치를 만들기 위해 열심히 뛰고 있다.

홍명완(다정수산 대표, 선장)

우리 푸드비즈랩 연구원들은 대부분 미식가이자 애주가다. 미식가를 흔히 '고급스러운 음식을 즐기는 호사가'로 생각하는 경우가 많은데, 사실은 그렇지 않다. 미식은 이 음식과 저 음식이 왜 다른지를 이해하는 것에서 시작한다. 그러려면 식재료의 차이나 조리 방식을 알아야 한다. 진정한 미식가는 딸기 하나를 먹어도 품종이 뭔지 알려고 하고, 어떻게 재배했는지를 궁금해한다. 돼지국밥 한 그릇을 먹어도 뼈와 내장을 함께 끓여 국물을 냈는지, 아니면 살로만 국물을 냈는지를 알고 싶어 하며 탐구한다.

　술도 마찬가지다. 초록색 병소주든 갈색 병맥주든, 어쨌든 몸속의 알코올 농도만 끌어올리는 것을 즐기는 사람이 애주

가인 것은 아니다. 모든 술은 농산물로 만들기에, 진정한 애주가라면 잔 속의 술이 어떤 농산물로 어떻게 빚어졌는지를 궁금해한다. 그리고 술이 가진 미묘한 향의 멋과 맛을 즐긴다. 우리 랩 연구원들 대부분은 졸업할 때가 되면 이처럼 멋과 맛을 즐기는 사람이 되어 있다.

막걸리의 매력에 빠지다

나도 술이라면 종류를 가리지 않고 즐긴다. 맥주, 소주, 막걸리는 물론이고 와인, 위스키, 사케, 샴페인 등도 좋아한다. 문란한 식욕과 음주욕의 소유자랄까. 카이스트 재직 당시에는 와인의 매력에 흠뻑 빠졌다가 서울대학교로 옮기고 나서는 우리나라 각 지역 특산 막걸리의 매력에 푹 빠졌다. 사라져가는 전통 식문화가 안타깝기도 하지만, 제조 방법에 따라 맛이 천차만별인 막걸리의 매력이 남다르기 때문이다. 말 그대로 골라 먹는 재미가 있다.

2011년 무렵부터 국내에 막걸리 붐이 일기 시작했다. 그즈음 학창시절의 지도교수 최영찬 교수님으로부터 오랜만에 미션(?)을 받았다.

"문 교수, 홍익대학교 근처에 월향이라는 막걸리 가게가 하나 생겼는데, 졸업한 지 얼마 안 된 젊은 친구가 전국 각 지역의 막걸리를 떼 와서 판매하고 있어. 문 교수가 가서 좀 도와주게."

막걸리 가게를 도와주는 최고의 방법은 자주 가서 많이 팔아주는 것이라고 판단한 나는 그곳을 동네 친구네 집처럼 드나들기 시작했다. 전통주의 부흥을 빌미 삼아, 또 술맛을 친구 삼아 자주 찾은 덕분에 월향의 이여영 대표와 자연스레 친분이 싹텄다. 갈 때마다 이것은 어디 막걸리냐, 저것은 어디 막걸리냐, 안주는 어떻게 만들었느냐 캐묻는 괴짜 아저씨를 밉게 보지 않았던 것이다.

이 대표의 막걸리 주점에서 판매하는 막걸리는 비교적 고가에 속한다. 각지에서 생산된 생막걸리를 서울까지 유통하려면 적정 수준의 가격에 판매해야 지속적으로 매장을 운영할 수 있다. 생막걸리는 잠깐의 온도 관리 실수로도 쉬어버리기 때문에 손실 관리 비용이 커서 가격이 비쌀 수밖에 없다. 마트에서 판매하는 막걸리에 익숙한 일부 고객들이 막걸리가 왜 이리 비싸냐고 항의하기도 한단다.

어쨌든 월향은 크게 번창하여 다양한 외식 아이템을 구현해가는 독특한 외식업체로 발전했다.

막걸리는 비싸게 팔고, 와인은 싸게 판다

2011년 말에 월향은 와인바 사업을 시작했는데, 나중에 듣게 된 창업 일화가 재미있다.

하루는 이 대표가 영업을 마치고 매장 직원들과 함께 근처 와인바에 들렀다. 그런데 다른 테이블에 앉은 사람들의 낯이 익었다. 그들은 무척 비싼 와인을 마시며 즐거워하고 있었다. 이 대표는 순간 열이 올랐다. 며칠 전에 자신의 주점에 들러 메뉴판을 보고 막걸리가 왜 이렇게 비싸냐고 항의하고 바로 일어나 나가버린 그 손님들 아닌가. 이것이 이 대표가 저가 와인바 사업에 착수하게 된 계기다. '막걸리는 비싸게 팔고, 와인은 싸게 판다'가 새로운 와인바의 비즈니스 콘셉트였다.

수완 좋은 이 대표의 능력으로 와인바 사업도 순조로웠다. 홍익대학교 앞에 자리 잡은 새로운 와인 매장의 주요 고객층은 대학생들이었다. 와인을 맥주처럼 마시는 대학생들이라니! 학생 손님들을 위해 한 병에 1만 원 내외 하는 와인들이 메뉴판을 가득 채웠다. 와인이 대중적이지 않았던 10여 년 전까지만 해도 상상하기 힘든 광경이었다. 물론 본고장인 유럽에서도 와인은 부유층의 전유물이 아니므로 와인이 폭넓게 소비되는 요즘의 현상은 전혀 이상한 것이 아니다.

하지만 저가 판매 전략은 양날의 검일 수밖에 없었다. 사석에서 이 대표는 고민을 털어놓았다. 학생들이 많이 찾아서인지, 가격대가 높은 와인들은 도통 팔리지 않는다는 것이다. 비교적 저가로 와인을 즐길 수 있는 기회를 학생들은 놓치지 않았고, 상대적으로 고가의 와인은 선택받지 못했다. 게다가 시간이 지날수록 더 저렴한 소주와 맥주를 찾는 고객이 늘어났다. 당시 홍익대 상권의 특성이 나타나기 시작한 것이다. 와인바에서 맥주와 소주가 주로 팔리면 그 와인바는 방황하는 네덜란드 유령선이 되어 망망대해를 표류하다가 서서히 침몰한다. 그렇다고 학생들에게 무작정 와인을 권할 수는 없는 노릇이었다.

"교수님, 뭔가 방법이 없을까요?"

노골적으로 소주 그만 마시고 와인을 마시라고 강권하고 싶지는 않고, 여기서 더 가격을 내릴 여력은 없다고 이 대표가 말했을 때 번뜩이는 아이디어가 스쳤다. 얼마만큼의 효과가 있을지는 해봐야 알겠지만 해결책은 아주 간단했다. 심지어 돈도 거의 들지 않는다.

분위기가 맛을 만든다

요즘 대학생들에게는 조금 먼 얘기 같겠지만, 내가 대학 다니던 시절에는 비 내리는 날이면 전집 앞에 사람들이 우산을 쓰고 줄을 서서 기다렸다. 사람들은 좁은 실내에 바짝바짝 붙어 앉아 기름에 노릇하게 부친 파전이며 감자전 따위의 지짐이에 막걸리를 마시며 청춘을 불살랐다.

물론 요즘도 많은 사람이 비가 내리는 날이면 파전에 막걸리를 찾는다. 짬뽕도 그 대열에 추가됐지만, 중요한 사실은 비가 내리면 많은 사람이 특정한 음식을 찾는다는 점이다. 이 사실을 바꿔 말하면 다음과 같은 주장이 될 수 있다.

① 외부에서 특정한 신호가 주어진다.

➡ 빗소리를 듣는다.

비 오는 날엔 파전, 짜증나는 날엔 짜장면,
비 오는 수요일엔 빨간 장미를….

② 특정한 외부의 신호를 받은 당신은 특정한 무언가를 연상한다.

➡ 후드득거리는 빗소리는 전판 위에서 맛있게 지져지고 있는 파전을 연상시킨다.

③ 연상이 불러일으킨 욕구를 충족하기 위해 행동에 나선다.

➡ 친구를 꼬드겨 전집으로 간다.

실제로 비 오는 날에 사람들이 파전과 막걸리를 많이 소비하는 경향이 있다는 사실은 주목할 만하다. 필립 코틀러Philip Kotler가 소매점이나 식당의 음악이나 조명, 색, 향기와 같은 '분위기적 요소'를 연구한 이래로 학계에서는 이 요소들이 소비자들의 판단과 행동에 어떤 영향을 미치는지에 많은 관심을 가졌다. 소비자들이 받아들이는 청각, 시각, 후각, 촉각 등의 감각적 자극들은 최종적인 행동에 어떤 식으로든 영향을 미친다. 분위기적 요소들은 소비자들의 감성을 알게 모르게 공략한다. 거기에는 어떤 강제성도 없지만 그렇기 때문에 오히려 저항력이 낮다. 우리의 이야기에 적용하자면, 추적추적 내리는 비의 풍경과 소리는 사람들에게 파전에 막걸리를 연상시키는 분위기적 요소로서 분명히 모종의 영향력을 발휘하지만, 대부분의 사람들은 자신이 비 때문에 전집에 간다고 생각하지는 않는다.

분위기적 요소와 대상의 일치는 마케팅은 물론 소비자들의 만족도에도 영향을 미친다. 같은 값이면 다홍치마라고, 우리는 대개 다른 조건이 동일하다면 분위기적 요소와 대상이 일치할 때 더 큰 만족을 느낀다. 비 내리는 휴일 한산한 노포에서 먹는 파전과 뜨겁게 내리쬐는 뙤약볕 아래에서 먹는 파전을 머릿속에 떠올려보자. 금방 이해할 수 있을 것이다.

이 대표의 고민도 마찬가지다. 우리는 사람들의 마음속으로 들어가 닫혀 있는 방문 앞에 서서 노크를 하려고 한다. 똑똑똑. 문이 열리면 이렇게 권유할 것이다.

"당신을 위한 파티가 마련되어 있습니다. 함께 즐기지 않겠습니까?"

사람들이 눈치채지 못할 정도로 은밀하고 자연스럽게.

와인 하면 뭐다? 프랑스!

와인을 떠올리게 만드는 분위기적 요소에 젖어들면 사람들은 자연스럽게 와인을 찾을 것이다! 이를 검증하기 위한 실험을 구체화한 것은 2013년 겨울 무렵이었다. 푸드비즈랩 연구원들은 시각, 청각, 촉각, 후각의 분위기적 요소 중 시각과 청각 요소만을 활용할 계획을 갖고 실험을 설계했다. 실제로 영업하고 있는 매장에서 실험할 예정이었기 때문에 비교적 통제가 수월하고 많은 비용이 들지 않는 범위 내에서 진행할 필요가 있었다. 반대로 생각하면 간단히 적용할 수 있고 추가 비용을 적게 들이고도 매출 상승 효과가 있는 방법을 찾아낼 가능성이 있다는 뜻이었다.

우리는 먼저 30세 미만의 남녀 수십 명에게 와인 하면 떠오르는 국가에 관해 물었다. 어떤 결과가 나왔을까? '프랑스'라는 대답이 압도적이었다. 이는 와인의 매출을 올리기 위해서는 매장에서 프랑스와 관련된 시청각 신호를 활용해야 한다는 이야기였다. 우리는 매장을 찾은 사람들이 소주와 맥주가 아니라 와인을 주문하기를 원한다. 방문한 고객들에게 '여러분, 와인을 주문해 주십시오. 가격이 조금 비싸긴 하지만…'이라는 식의 영업을 할 순 없다. 이런 직접적 세일즈 없이 원하는 결과를 얻기 위해 사람들의 눈과 귀에 프랑스적인 무언가를 흘려 넣는다. 이것이 우리의 계획이었다.

우리는 팀을 꾸렸다. 당시 랩 석사 학생이었던 이동민 연구

이런 간단한 시각 자극만으로
고객들의 행동이 바뀔까?

원과 조종표 연구원, 그리고 인턴생이었던 조동우 군이 현장 해결사로 투입되었다.

우리는 샹송과 프랑스 국기, 에펠탑, 치즈를 그려 넣어 디자인한 종이 테이블 매트를 청각 신호와 시각 신호로 활용하기로 했다. 상단 구석에 인쇄된 매장의 이름 말고는 흰 바탕뿐이었던 테이블 매트에 심플한 이미지의 에펠탑과 치즈, 프랑스의 삼색기를 입혔다. 컬러 프린터로 출력하는 데 든 비용은 고작 몇 천 원. 그리고 '한국인이 좋아하는 샹송'이라는 정체불명의 음악 목록이 우리에게 도움을 주었다. 늘 한국인이었던 우리도 대부분 모르는 곡이었지만, 상관없었다. 어쨌거나 듣고 있으면 프랑스적인 멜랑콜리한 느낌만큼은 확실히 전달됐다. 준비 완료. 손님들은 과연 와인을 전보다 더 많이 주문할 것인가?

우리는 실험을 두 장소에서 동시에 진행했다. 와인바의 여러 지점 중 본점인 홍익대 매장과 대학로에 위치한 대학로 매장을 각각 관찰 장소와 대조 장소로 선정했다. 두 매장은 서울의 번화한 대학가에 위치해 환경과 주요 고객층이 비슷하다는 공통점이 있었다. 실험 기간은 4주로, 11월 넷째 주부터 12월 셋째 주까지 계속됐다. 청각 신호와 시각 신호의 일치는 관찰 장소인 홍익대 본점에만 적용되었다.

우리는 업장의 직원들과 몇 차례 교감한 후 드디어 실험에 돌입했다. 첫 주 내내 수십 곡의 샹송을 홍익대 매장에 내보냈다. 둘째 주에는 프랑스의 상징물로 디자인한 테이블 매트를 손님들이 입장하기 전에 모든 테이블 위에 깔아놓았다. 주문한 술이나 음식이 나오기 전에 테이블 매트가 가려지는 일이 없도록 주의했다. 셋째 주에는 모든 것을 폭발시켰다. 스피커로 끊임없이 샹송을 내보냈고, 손님이 자리에 앉으면 에펠탑과 치즈 위에 앙증맞게 꽂힌 삼색기 그림이 눈에 들어오도록 테이블 매트를 준비했다. 마지막 넷째 주에는 원래대로 돌아가 아무것도 하지 않았다. 이전처럼 매장에서는 가요가 흘러나왔고 테이블 매트는 다시 하얘졌다. 가요의 BPMbeats per minute은 실험용 음악이었던 샹송과 비슷하게 맞춰서 내보냈다. 음악의 속도가 빨라지면 음주 템포도 빨라지기 때문에 이를 통제한 것이다. 반면 대조 장소인 대학로 매장에서는 4주 내내 아무것도 변화시키지 않았다. 늘 하던 식대로 유지하는 것이 중요했다.

실험 기간	관찰 장소(홍익대 매장)		대조 장소(대학로 매장)	
	청각 신호	시각 신호	청각 신호	시각 신호
11월 4째 주	샹송	빈 매트	가요	빈 매트
12월 1째 주	가요	프랑스 이미지	가요	빈 매트
12월 2째 주	샹송	프랑스 이미지	가요	빈 매트
12월 3째 주	가요	빈 매트	가요	빈 매트

출근은 연구실 대신 와인바로

당시 인턴생이었던 조동우 군은 매일 저녁 홍익대 매장으로 출근해서 음악이 제대로 나오는지, 종이 매트가 테이블에 제대로 깔렸는지 등을 확인했다. 그리고 손님들이 어떻게 반응하고 어떤 주문을 하는지 관찰했다. 업장이 바쁠 땐 손님들이 비운 와인잔을 설거지하며 직원들과 팀워크를 다졌다. 이동민 연구원과 조종표 연구원도 홍익대 매장과 대학로 매장에서 음악 소리의 크기와 테이블 매트 세팅 등을 손보고 손님들의 반응과 주문을 점검했다. 철저한 연구를 위해 조동우 군은 둘째 주부터 아예 연구실 대신 와인바로 곧장 출근했다.

실험하는 내내 멜랑콜리한 샹송만 계속 들은
조동우 인턴 연구원은 의사의 길을 걷게 된다.

삶의 현장에서 진행하는 실험에는 사소하면서도 큰 문제가 자주 발생한다. 실험에서 중요한 것은 주어진 상황과 조건을 일관적으로 유지하는 것이다. 그런데 현장에서는 이 조건을 똑같이 맞출 수 없는 돌발상황이 발생하곤 한다. 이번에도 그랬다. 손님이 많아지는 주말에는 음악이 들리지 않는 매장 구석까지 테이블이 추가로 설치된 것이다. 그렇다면 실험에 영향을 주는 변수가 늘어나는 셈이다. 할 수 없이 우리는 주말을 빼고 월요일부터 목요일까지 평일의 매출결과만을 실험에 반영하기로 했다. 그뿐만이 아니었다. 연말이 다가오자 매장의 직원들은 샹송 대신 캐럴을 틀고 싶다고 요청했다. 거리에선 진작부터 캐럴이 울려 퍼지고 있었다. 갑자기 실험 조건이 바뀐다면 지금까지의 노력은 수포가 된다. 우리는 제발 몇 주만 기다려달라며 사정했다. 직원들을 설득하기 위해 만능 해결사 조동우 군이 또다시 투입되었다. 와인잔과 식기를 닦기 위한 싱크대 앞으로…. 4주 후 실험이 끝날 무렵엔 연하장 대신 수북한 영수증 더미가 우리를 반겼다.

　본격적인 분석에 앞서 우리는 분위기적 요소가 일치할 때 나타날 만한 결과를 예측했다. 다음 세 가지 경우가 우리가 기대한 결과였다.

◆ 와인을 떠올릴 수 있는 청각 신호(샹송)가 주어지면 테이블별 매출액 가운데 와인 매출 비율이 증가할 것이다.

◆ 와인을 떠올릴 수 있는 시각 신호(프랑스의 상징물을 디자인한 테이블 매트)가 주어지면 테이블별 매출액 가운데 와인 매출 비율이 증가할 것이다.

◆ 와인을 떠올릴 수 있는 청각 신호와 시각 신호가 동시에 주어지면 테이블별 매출액 가운데 와인 매출 비율이 크게 증가할 것이다.

샹송이 매출을 높인다고?

실제 결과는 어땠을까? 정말로 뜻도 모를 샹송과 에펠탑, 치즈, 삼색기 등의 이미지가 우리의 판단과 결정에 영향을 미칠 수 있을까? 아니면 너무 사소한 것들이어서 전혀 영향을 미치지 못할까?

결론을 말하자면 영향을 미친다. 우리의 연구결과에 따르면 샹송이 매장에 흘러나오면 매장 내 고객들이 와인을 주문할 확률이 그렇지 않을 때보다 더 높았다. 매장에서 샹송이 흘러나오면 가요가 흐를 때에 비해 더 많은 사람들이 다른 술이 아닌 와인을 주문했다. 그렇다면 시각적 요소로 자극한 경우에는 어떤 결과가 나왔을까. 프랑스의 상징물이 인쇄된 테이블 매트가 시야에 들어오면 테이블당 와인(혹은 주류)에 지출하는 금액이 많아졌다. 한 테이블에서 소비하는 전체 비용 가운데 와인이나 주류에 지출하는 금액이 늘어난다는 이야기는 그만큼 더 비싼 와인을 선택하는 경향이 커진 것으로 추정할 수 있다. 그 누구도 와인을 권하지 않았는데, 심지어 다른 술보다 값비싼 와인을 주문한 것이다. 평소와 달라진 것은 배경음악과 테이블 매트 위 그림뿐이었다. 손님들은 그 변화를 눈치챘을 수도 있고 그렇지 않았을 수도 있다. 데이터는 다만 이렇게 말한다. 손님들은 아무렇지 않게 와인을, 그것도 평소에 마시던 것보다 더 비싼 와인을 선택했다고 말이다. 무언의 홍보로 와인을 더 팔아치운 셈이다.

4주간 현장 관찰을 하고 수북한 영수증 더미와 씨름한 끝에 우리가 내린 결론은 예측했던 결과에서 거의 벗어나지 않았다. 데이터를 더 정교하게 분석한 우리는 와인 매장의 시청각 분위기적 요소들이 고객의 구매 행동에 확실히 영향을 미친다는 결론을 얻었다. 결과를 요약하면, 매장과 분위기적 요소가 일치하는 상송이 흐를 때 가요 대비 와인 주문 비율이 1.86

배 증가했으며, 프랑스의 상징물이 그려진 테이블 매트가 놓여 있을 땐 테이블당 와인에 지출하는 금액이 6.2퍼센트 증가했다. 테이블당 와인에 지출하는 금액이 많아진 이유는 와인을 여러 병 마시기보다 고가의 와인을 구매했기 때문인 점도 밝혀졌다. 결국은 사소하게 여겨질 수도 있는 프랑스의 상징물들이 대대적인 병력을 투입하지 않고도 사람들의 견고한 소비 마지노선을 무너뜨린 것이다.

우리는 이 연구결과를 관광 및 호텔 분야에서 최고의 국제학술지 가운데 하나인《국제호텔경영학회지International Journal of Hospitality Management》에 게재했다. 이전에 진행된 분위기적 요소에 관한 외국의 연구들은 주로 개인의 구매 결정에 관한 부분에 초점을 맞췄다. 예를 들면 마트나 와인 소매점에서 흐르는 음악과 개인 와인 구매자 사이의 연관성에 관한 연구다. 하지만 푸드비즈랩의 이번 연구는 그룹 수준의 구매 결정에 초점을 둔 것이 특징이었다. 식당과 달리 술집에서 주류나 메뉴를 결정할 때는 개인이 아닌 그룹의 구매 결정이 중요할 수밖에 없다. 특히나 잔이 아닌 병 단위의 와인 판매가 주를 이루는 우리나라의 사정을 고려하면 그룹 수준의 구매 결정에 더욱 관심을 기울일 수밖에 없다.

어떤 의미에서 우리는 각각의 그룹들을 은밀하게 유혹하는 데 성공한 셈이다. 인구통계학적인 구체적 데이터(테이블별 고객의 나이, 성별 등과 같은 정보)가 있었다면 더 면밀한 결과를 도출할 수도 있었을 텐데, 하는 아쉬움도 있지만 현실적인 여건을 감안하면 일단 이 정도면 성공적인 산학협력 프로젝트였다고 자평한다. 이후의 연구에서 보완할 점도 확실해진 셈이었다.

"저희 매장이 외국에까지 알려지게 될 줄은 몰랐어요! 그것도 SCI급 논문으로요!"

매장의 사진과 연구결과가 실린 학술지를 가지고 이여영 대표의 와인바를 방문하자 이 대표가 신기하다는 듯이 소리쳤다. 세계적인 홍보 자료가 아니라 논문이었으니 홍보 효과 같은 것이 있을 리는 없었다. 매장에는 '한국인이 좋아하는 샹송'이 흐르고 있었다. 우리도 역시 기분 좋게 와인을 주문했다.

그런데 논문에서 강조하지는 않았지만, 이 실험에서 추가로 발견한 사실을 말해야겠다. 매장에서 샹송을 틀었을 때 사람들의 음주량이 전반적으로 많아졌다는 것이다. 샹송 특유의 멜랑콜리함 때문일까? 몸속에 더 많은 소울을 불어넣어달라는 반응이 일어났던 걸까? 술 소비량이 많은 국내 사정을 감안하면 팝에 비해 상대적으로 샹송의 인기가 덜하다는 사실이 다행인지도 모르겠다. 우리가 술 권하는 사회를 만들기 위해 연구하고 있는 것은 물론 아니다. 푸드비즈랩의 목적은 분명하다. 사람들이 더 잘 먹고 잘 마시고 잘 놀 수 있도록 세상에 기여하는 것이다. 우리는 그날 샹송의 달콤한 유혹에 몸을 맡기고 적당하게 취했다. 그리고 실험 기간 동안 매일 저녁 와인바에서 잔을 닦으며 손님들을 관찰하고 데이터를 모으던 조동우 군은 아픈 이를 치료하여 세상을 행복하게 만드는 의사 선생님이 되었다.

미식가를 위한 팁

식당이나 바에서 음식과 음료를 즐겁게 먹고 마시는 것은 가성비로 따질 수 없는 즐거움입니다. 그러나 분위기에 휩쓸려서 원하지도 않는 음식과 음료를 주문했다가 다 먹지 못하고 남기는 것은 큰 낭비입니다. 어떤 때는 원치 않는 과식, 과음을 하게 되지요. 건강에도 좋지 않습니다. 이건 패배하는 것이나 마찬가지입니다. 그럼 여기서 승리하는 방법을 알려드리겠습니다. 이건 카지노에서 돈을 잃지 않는 법이기도 한데요. 두 가지 방법이 있습니다.

시간을 정해놓고, 시간이 되면 바로 일어서는 겁니다. 뒤도 돌아보지 말고 말입니다. 카지노의 확률에 기반한 게임에서 시간은 반드시 카지노의 편입니다. 그렇게 설계되어 있습니다. 시간이 가면 갈수록 게이머가 돈을 잃을 확률이 높아집니다. 그러니 정해놓은 시간이 되면 '아 잘 놀았다' 하며 바로 일어서야 합니다. 얼마나 돈을 땄든 얼마나 잃었든 무조건 일어서는 거지요. 식당이나 바에서도 마찬가지입니다. 친구들과 함께 가더라도 오늘은 딱 몇 시까지만 즐기자고 서로 정하는 겁니다.

또 다른 방법은 '오늘 카지노에서 나의 게임 비용은 얼마'라고 정하고 그 이상은 쓰지 않는 겁니다. 여기서 중요한 건 딴 돈은 여기에 포함시키지 않는 겁니다. 딴 돈은 다른 호주머니에 넣고, 오늘 쓸 돈이 떨어지면 일어섭니다. 식당이나 바에서도 마찬가지입니다. 오늘 내가 혹은 우리가 쓸 비용의 정량을 정한 후, 그 이상의 주문은 하지 않는 겁니다. 음식이 남으면? 싸달라고 해서 가지고 가면 됩니다. 간단하죠?

비즈니스를 위한 팁

아무리 음식이 맛있어도 주변 환경이 음식과 어울리지 않으면 고객들은 뭔가 어색함을 느낍니다. 업장의 음악은 사장님이 좋아하는 음악이 아닌 음식의 콘셉트와 맞는 음악이어야 하고, 업장의 상황에 맞게 전략적으로 선택해야 합니다. 독일의 한 연구에 따르면 와인 판매점에서 독일 음악을 틀자 손님들이 독일 와인을 더 많이 집었고, 프랑스 음악을 틀자 프랑스 와인을 더 많이 집었다고 합니다. 즉 음악이 손님들의 주문에 큰 역할을 합니다.

손님을 몰아내고 다시는 오지 않게 하는 음악을 알려드리겠습니다. 답은 같은 음악을 반복하는 겁니다. 손님을 지겹게 만들면 됩니다. 가끔씩 가게에 앉아 있으면 '아, 음악이 한 바퀴 돌았네'라고 알아차릴 때가 있죠? 소매업이 망하는 가장 빠른 지름길은 사장님이 좋아하는 음악을 반복하여 트는 것입니다. 실은 음악뿐만 아니라 조명과 조도, 습도와 온도도 구매 행동과 주문 행동에 큰 영향을 미칩니다. 물론 가게의 냄새도 매우 중요합니다. 네, 관리해야 합니다.

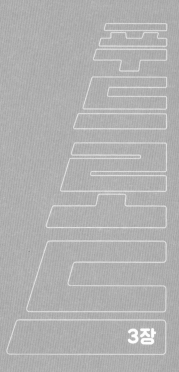

3장

국산 맥주는 정말로 맛이 없을까

푸드비즈랩의 연구주제는 공간의 한계가 없는 듯 세련된 백화점 식품관에서 구수한 시골 장터까지 종횡무진한다. 방대한 빅데이터를 한 손에 쥐고 최신 온라인쇼핑 트렌드에 맞게 소비자들의 주문 행동을 스마트 기기 사용과 연동하여 분석하며, 스마트 시스템을 도입하여 돼지 농가의 사육의 질과 효율을 높이는 연구에까지 뛰어든다. 푸드비즈랩은 먹는 것과 관계 있다면 어디든 달려간다.

케이시 김(브라이언트대학교 마케팅학과 교수)

2012년에 북한의 대동강 맥주가 우리나라에서 잠시 화제가 되었다. 영국의 《이코노미스트》 기자가 '한국 맥주는 대동강 맥주보다 맛이 없다'는 기사를 썼기 때문이었다.

　이 기사에 대한 반응은 크게 두 부류로 나뉘었다. 대동강 맥주가 그렇게 맛있대? 그리고 국산 맥주가 그렇지, 뭐. 어차피 2008년 이후 국내에서 판매가 금지된 대동강 맥주를 맛볼 수 있는 방법은 없었으므로 진실을 확인할 길은 요원했다. 그러나 국산 맥주의 맛에 대한 질타는 지금까지도 이어지고 있다. 이쯤 되면 어떤 의미에선 성공적인 슬로건(?)이었다 싶을 정도다.

가장 맛없는 맥주를 골라라

이번 장에서 이야기할 푸드비즈랩의 실험은 바로 대동강 맥주 덕분에 시작되었다. 어느 날 서울대학교 후문 근처의 호프집에서 푸드비즈랩 식구들이 회식을 하고 있었다. 화기 애애한 분위기 속에서 맥주를 마시는데, 벽에 걸린 텔레비전에서 남한 맥주가 북한 대동강 맥주보다 맛이 없다는 그 기사에 관한 방송이 소리 없이 흘러나오고 있었다. 그러자 누군가가 바로 그 화제의 대동강 맥주 이야기를 꺼냈다. 역시 평양의 물이 맑다느니, 자본주의의 패배라느니 싱거운 소리를 주고받던 중 국산 맥주가 그렇게 맛이 없느냐는 질문이 누군가의 입에서 튀어나왔다. 정말 국산 맥주는 맛이 없을까? 오래 고민할 필요가 없었다. 그저 종류가 다른 맥주를 더 주문하기만 하면 됐다.

우리는 재미 삼아 즉석에서 블라인드 테이스팅blind tasting을 진행했다. 국내 브랜드 맥주와 외국 브랜드 맥주 여러 가지를 눈 감고 마신 뒤 가장 맛없는 맥주를 하나씩 고르는 것이었다. 그 영국인 기자의 말이 맞다면, 우리가 가장 맛없다고 뽑은 맥주는 분명히 국산일 것이다. 결과는 어땠을까?

확실한 점은 우리가 생각보다 맥주 맛을 제대로 구분하지 못한다는 것이었다. 테이스팅을 해보니 국산 맥주의 맛이 그리 많이 나쁘지는 않은 듯했다. 물론 이 간이 실험은 절반쯤이 장난이었다. 우리는 엄격하게 테스트를 진행하지 않았고, 그 전에 이미 맥주를 너무 많이 마셨다. 더 진지하게 실험을 할 필요가 있었다.

우리는 맥주 맛을 몇 가지나 구분할 수 있을까

우리 푸드비즈랩은 금요일마다 서울대학교 농업생명과학대학 상록관 8층의 세미나실에서 랩 세미나를 연다. 대학원생은 물론이고 내·외부의 교수들도 참석해 연구주제를 정하고 과정을 점검한다. 20세 이상의 성인 10여 명이 매주 모인다는 뜻인데, 그중에는 당연히 애주가도 있다. 실험을 위한 최적의 조건이라 할 수 있다. 어느 날 세미나에 참석한 사람들에게 양해를 구한 다음(사실 양해를 구할 필요도 없었다. 다들 자발적으로 실험에 참여할 의사가 충분했으므로) 우리는 국산 맥주와 수입 맥주를 포함한 다섯 종류의 라거 맥주를 늘어놓았다. 그리고 모두에게 브랜드를 공개한 후 모든 맥주를 조금씩 맛보게 했다. 사람들은 자신이 어떤 브랜드의 맥주를 맛보는지 알고 마셨다. 우리는 당부의 말을 잊지 않았다.

"될 수 있는 대로 시음하시는 맥주의 맛을 자세히 기억해 주시길 바랍니다."

이 말에는 어떤 역설도 없었다. 말 그대로 각각 다른 맥주의 맛을 기억해주기를 부탁한 것이다. 음주 경험이 많은 사람일수록 자신이 맛을 더 쉽게 맞힐 거라고 확신했다. 우리는 다시 다섯 종류의 맥주를 조금씩 컵에 따랐다. 이번에는 브랜드를 숨겼고 제공하는 순서도 무작위였다. 어느 컵에 어떤 맥주가 담겨 있는지 아는 사람은 실험을 진행하는 연구원 몇 명뿐이었다. 어쨌거나 사람들이 마시게 될 맥주는 조금 전에 마신 바로 그 맥주들이었다.

사람들은 두 번째로 맛본 맥주들의 각 브랜드를 맞혀야 했다. 모두들 얼마나 정확하게 맥주의 맛을 구분할 수 있었을까? 참가자들의 표정은 저마다 놀란 듯, 고심하는 듯, 자신만만한 듯 가지각색이었다. 독자 여러분이라면 다섯 종류의 맥주 중 몇 종류의 맥주 맛을 구분할 수 있을까? 전부 다? 아니면 절반? 그래도 한두 가지는 구분할 수 있을 거라고?

간단한 블라인드 테이스팅은
술자리의 긴장감을 높여주는 즐거운 게임이다.
잘 맞힌 사람이 너무 잘난 척해서 싸움이 나기 전까지는.

테스트 결과는 놀라웠다. 애주가를 자처한 참가자들 중 맥주 맛을 정확히 구분한 사람은 거의 없었다. 대개는 두 개의 브랜드도 제대로 맞히지 못했다. 말 그대로 찍어서 맞히는 경우를 고려하면 정확히 맛을 구분할 확률은 더 낮을 것이다. 그중 단 한 사람만이 다섯 개의 브랜드를 모두 맞혔다. 당연한 얘기지만 무척 예외적인 경우였다.

테스트에 참가한 모두가 멘붕에 빠졌다. 혹시 라거 계열의 맥주들끼리는 맛을 명확히 구분하기 어려운 게 아닐까?

인터뷰를 했더니 재미있는 사실을 알 수 있었다. 실험에 참여한 사람들은 대체로 블라인드 테이스팅에서 가장 맛있다고 느낀 맥주를 평소 선호하는 맥주(주로 수입 맥주였다)일 거로 예측했고, 가장 맛없다고 느낀 맥주는 거의 국산 맥주일 거로 예측했다는 사실이다. 우리의 연구는 이렇게 시작된다. 이런 멘붕 현상을 경험하면 본격적으로 뛰어든다. 연구 시작!

맛은 주관적이다

우리가 잘 아는 고사 하나를 떠올려보자. 신라시대의 승려

원효가 더 깊은 깨달음을 얻기 위해 당나라로 유학을 떠나는 길이었다. 해가 지고 무덤가에서 자던 원효는 목이 말라 물을 찾았다. 마침 곁에 냉수가 있어 맛있게 들이켜고 다시 잠을 청했다. 그런데 날이 밝고 보니 그렇게 시원하게 마신 냉수가 해골에 고인 썩은 물이었다. 진리는 바깥이 아니라 자신의 안에서 찾아야 한다는 깨달음을 얻은 원효는 당나라로 유학하려던 발걸음을 돌렸고, 이후 뛰어난 국내파 고승으로 이름을 떨쳤다. 흥미로운 지점은 원효가 해골에 담긴 물을 정말 맛있게 마셨다는 데 있다. 원효는 목이 마른 데다 사물이 잘 보이지도 않는 어둠 속에서 썩은 물을 맑은 물로 여기고 마셨을 것이다. 그의 기대대로 물은 맛이 있었다. 날이 밝아 자신의 머리맡에 놓인 해골을 확인하기 전까진 말이다.

인간은 맛을 혀와 코로 느낀다. 혀의 미뢰에서 짠맛, 단맛, 쓴맛, 신맛, 감칠맛을 느끼는 동시에 코로 향을 느끼는 행위의 결과를 우리는 맛이라고 말한다. 하지만 정말 혀와 코만 맛을 느낄 수 있을까? 엄밀히 따지면 그렇지 않다. 국수 위에 보기 좋게 오르는 고명은 혀와 코가 아니라 눈을 위한 것이다. 보기 좋은 떡이 맛도 좋다는 우리 선조들의 위대한 관능 테스트 결과가 지금까지 속담으로 전해지고 있지 않은가? 고급 레스토랑의 메뉴들이 읽기 어려울 정도로 긴 이유도, 입안에 과자를 넣고 씹으면 바삭하게 부서지는 소리가 나는 것도 마찬가지다. 이 모든 것이 우리가 음식을 더 맛있게 먹을 수 있게 해준다.

맛에 대한 평가에 영향을 미치는 요인들은 꾸준히 연구되어왔다. 결론부터 말하자면 맛의 평가에는 다양한 요인이 영향을 미친다. 미국 식품학자 아먼드 카르델로Armand Cardello는 음식이란 맛, 냄새, 질감, 시각적 형태와 같은 다양한 감각적 자극들의 집합이며, 인간은 문화적, 사회적, 심리적, 신체적으로 다양한 요소와 상호작용해 음식에 반응한다고 했다. 우리가 맛을 평가할 때는 이러한 종합적인 요소가 저마다 영향을 미친다.

대동강 맥주와 남한 맥주에 관한 영국인 기자의 기사는 국산 맥주에 대한 언론과 소비자들의 평가를 더욱 부정적인 방향으로 끌고 갔다. 다들 기다렸다는 듯이 국산 맥주에 대한 불만을 토로했다. 우리나라 국민들의 해외여행이 많아지고, 다양한 수입 맥주가 국내에 유통되기 시작하면서 국산 맥주는 맛이 없다는 인식이 널리 퍼졌다. 국산 맥주를 좋아하면 맥주 맛을 모르는 사람 취급을 당하곤 했다. 그러나 맛은 주관적인 것이다. 내 입맛에 정말 최고인 음식이 다른 사람 입맛에는 맞지 않을 수 있다. 내 입맛에 너무나 달콤한 마카롱이 남에겐 달기만 한 역겨운 설탕 덩어리일 수도 있다.

맛없다는 여론과 국산 맥주의 맛

비록 엄정하진 않았지만, 몇 차례의 테스트를 한 우리는 사람들이 실제 맛으로만 어떤 맥주를 맛있다고 판단하지는 않을 것이라고 추측할 수 있었다. 다시 말해 맥주 맛에 대한 평가는 여론이나 브랜드, 경험 등 외부 환경의 영향을 받을 것이라고 추정했다. 국산 맥주는 맛이 없다는 여론이 국산 맥주를 더욱 맛없게 만드는 요인이 아닐까 가정해본 것이다. 우리는 그 사실을 증명하기로 했다. 가장 쉬운 방법은 블라인드 테이스팅 관능실험으로 사람들이 맛있다며 고르는 맥주가 무엇인지를 알아보는 것이었다.

우리의 실험 시나리오는 이러했다. 실험 참가자들을 모은다. 그리고 새로운 맥주 출시를 앞두고 주요 타깃인 대학생들을 대상으로 사전 시장조사를 한다고 말한다. 참가자들에게

곧 출시할 예정이라는 맥주 샘플들을 맛보게 한다. 사실 이 샘플들은 이미 국내에서 판매되고 있는 국산 맥주 몇 종과 수입 맥주 몇 종이다. 참가자들이 맥주를 마시고 나면 몇 가지를 물어본다. 우리는 서울대학교 학생들을 대상으로 참가 신청을 받았고, 선별 기준을 통과한 226명을 선발했다. 선발 조건은 최소한 일주일에 맥주 한 캔(330밀리리터) 이상을 마시는 습관이 있고, 한 캔을 마셨을 때 취하지 않아야 한다는 것이었다. 물론 대부분 20대인 참가자들은 맥주라면 물만큼이나 마시는 경우가 많았다.

우리는 전체 인원을 두 그룹으로 나눈 후 15명 내외의 인원을 한 팀으로 묶었다. 그룹별로 서로 다른 두 가지 방식으로 3일 동안 실험을 진행했다. 편의상 실험 1과 실험 2로 구분한다. 실험 1의 경우 1차 시음에서는 브랜드를 숨기고 다섯 종류의 맥주에 대한 블라인드 관능실험을 진행한 후, 2차 시음에서는 그 다섯 개 맥주에 해당 브랜드 라벨을 붙여서 확인시킨 후 관능실험을 했다. 실험 2에서는 실험 1과 동일하게 1차 시음에서는 블라인드 관능실험을 진행한 뒤, 2차 시음에서는 다섯 개의 맥주에 브랜드 라벨을 무작위로 붙인 가짜 브랜드 샘플로 재차 관능실험을 했다. 맥주를 마시는 순서가 실험결과에 영향을 미치지 않도록 한 그룹 내에서는 일정한 규칙에 맞춰 모두 다른 순서로 컵에 맥주를 담아 제공했다.

두 가지 다른 실험은 사람들이 맥주 맛을 평가하는 데 브랜드가 영향을 미칠 거라는 가설을 증명하기 위한 것이었다. 브랜드를 모르고 마실 때와 알고 마실 때 사람들은 모순된 평가를 내릴 가능성이 높았다. 만약 실제로 그러한 결과가 나오고 그 사실을 알게 되면 어떻게 될까? 아마도 자신의 모순을 합리적인 방식으로 수정할 것이다.

우리는 실험실에 마련된 ㄷ자 모양의 커다란 테이블 위에 칸막이를 놓았다. 참가자들 간의 교류를 막기 위한 장치였다. 칸막이로 구분된 자리마다 각각 다른 맥주를 담은 다섯 개의 잔을 준비했다. 다섯 종류의 맥주는 판매량을 기준으로 국내 브랜드 세 종, 수입 브랜드 두 종을 택했다. 다섯 종 모두 맥주를 좋아하는 사람이라면 누구나 마셔봤을 라거 맥주였다. 참가자들이 마시게 될 맥주의 양은 300밀리리터 정도에 불과했지만 입안에서 맥주를 머금는 것만으로도 충분하다면 삼키지 않고 뱉을 수 있도록 자리마다 양동이를 마련했다. 참가자들은 다섯 종류의 맥주를 맛보고 가장 맛있는 맥주와 가장 맛없는 맥주를 기입하면 되었다.

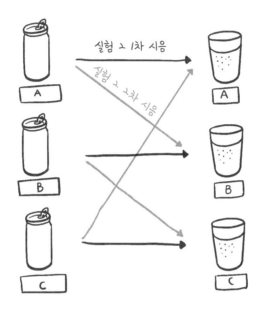

실험 2 1차 시음

실험 2 2차 시음

푸드비즈랩이 실험 참가자를 모집한다고 하면
'얘네들이 또 어떤 트릭을 쓸까?'
의심의 눈초리로 쳐다보는 이들이 늘어서 걱정이다.
랩 연구원들이 연기수업을 받아야 할 판.

참가자들이 자리에 앉으면 하얀 가운을 입은 연구원이 실험실에 등장하여 실험에 관해 설명했다.

　"안녕하세요. 저는 한국주류개발연구원의 선임 연구원 김나영입니다. 저희는 오늘 모 기업의 요청을 받아 새롭게 출시할 맥주의 사전 시장반응조사를 실시하려고 합니다. 여러분 앞에 맥주 샘플 다섯 가지가 놓여 있습니다. 오늘 이 자리의 결과를 반영해 차후 선별 출시할 예정입니다. 평가에 성실히 임해주시길 부탁드립니다."

　물론 거짓말이다. 이 연구원은 실험을 위해 고용한 단역배우였다. 연기자의 소속과 이름, 설정은 모두 허구였다. 참가자들이 진지하게 실험에 임할 수 있는 분위기를 조성하고 싶었던 우리가 설계한 대로 명연기를 펼친 배우는 관능실험실에서 잠시 퇴장했다.

　참가자들이 1차 시음에서 선호하는 맥주를 기입한 후, 10분의 간격을 두고 2차 시음을 진행했다. 하얀 가운을 입은 배우가 다시 등장했다. 이번엔 경쟁사 제품들의 선호도를 파악하기 위한 조사라는 설명을 덧붙이며 경쟁사의 라벨을 붙인 맥주 다섯 종을 실험 참가자들에게 내놓았다. 사실 실험 참가자들은 앞서 마신 다섯 종류의 맥주와 동일한 종류의 맥주를 마시는 것이었으나, 아무도 이를 의심하지 않았다. 2차 시음까지 마친 우리는 참가자들로부터 경쟁사 제품들 중에서 가장 선호하는 맥주와 가장 별로인 맥주를 기입한 설문지를 받았다. 실험은 끝났다.

실험을 마친 후 우리는 참가자들에게 실험의 진짜 목적을 설명했다. 이를 디브리핑debriefing이라고 한다. 실험 참가자가 실험 목적을 알고 실험에 참여하면 평상시의 행동이 아닌 실험 목적에 부합하는 행동을 할 수 있으므로 때로는 본디 목적을 설명하지 않고 엉뚱한 목적을 제시하면서 실험한다. 그러나 실험이 끝나면, 본래 목적이 무엇이었는지를 명확히 밝히는 것이 연구의 윤리다.

우리는 참가자들에게, 그들이 시음한 것은 실은 시제품이 아니라 현재 판매되는 맥주 중 판매량 기준으로 국산 맥주 1, 2, 3위, 수입 맥주 1, 2위였고, 1차 시음과 2차 시음에서 다른 맥주로 알고 마셨던 것은 모두 이 맥주들이었다는 사실을 밝혔다. 그리고 연구결과가 나오면 결과를 이메일로 공유하겠다고 약속했다. 우리는 나중에 이 약속을 지켰다. 참가자들 모두가 한 방 맞았다는 표정이었지만 다행히 항의하는 사람은 없었고, 즐겁게 놀다가 엄마가 갑자기 불러서 집에 가야 하는 듯한 아쉬운 표정들이 대부분이었다. 솔직히 제공된 맥주의 양이 좀 적긴 했다. 이렇게 3일에 걸쳐 같은 방식으로 실험한 뒤 얻은 결과는 우리가 애초에 세운 가설과 비슷했을까? 그 결과를 공개하겠다.

우리는 사람들이 국산 맥주와 수입 맥주의 맛을 평가할 때 그 기준에는 맛 이외에도 외적인 요소, 즉 브랜드가 영향을 미칠 거라는 가설을 입증하기 위한 실험을 진행했다. 두 방식의 실험에서 세 종의 국산 맥주와 두 종의 수입 맥주를 동일하게 사용했다. 첫 번째 시음의 블라인드 관능실험 이후 두 번째 시음에서는 브랜드를 공개한 브랜드 테스트가 이어졌는데 실험에 따라 참가자들이 마시는 맥주와 브랜드가 일치하기도 했고(실험 1), 브랜드를 무작위로 부여하기도 했다 (실험 2).

실험결과를 요약하면, 참가자들이 맥주 맛의 선호도를 평가하는 데 브랜드가 영향을 미쳤다. 아니, 엄밀히 말하면 국산이냐 아니냐가 상당한 영향을 미쳤다. 총 226명의 참가자 중 맛으로만 선호도를 판단한 블라인드 관능실험에서 세 종류의 국산 맥주를 가장 선호한다고 대답한 사람은 160명 (70.8퍼센트)이었다. 66명(29.2퍼센트)만이 수입 맥주를 가장 선호한다고 대답했다. 그러나 브랜드를 알고 마시는 테스트에서 가장 선호하는 맥주로 국산 맥주를 꼽은 참가자는 107명으로 줄었고, 수입 맥주를 가장 선호한다고 대답한 참가자는 119명, 약 두 배로 늘었다. 특히 가짜 브랜드 테스트에서 참가자들이 보여준 평가의 차이도 거의 같았다. 다시 말해 이 다섯 종의 맥주에 있어서는 그 어떤 맥주든 국산 맥주 브랜드 라벨을 붙이면 맛이 없다고 답했고, 수입산 맥주 브랜드, 그 중 유럽산 모 맥주 브랜드 라벨을 붙이면 맛있다고 답하는 경우가 무척 많아졌다.

관능만으로는 고객을 만족시키지 못한다

일찍이 프랑스의 철학자 데카르트는 우리의 감각은 믿을 만한 것이 못 된다고 주장했다. 이 실험은 맛과 같이 우리가 감각으로 경험하는 판단들이 정확하지 않다거나 믿을 만한 것이 못 된다거나 하는 사실을 강조하기 위해 진행한 것이 아니다. 중요한 것은 감각이 상황에 따라 변덕스러워진다는 사실이 아니라 무엇에 영향을 받아 변덕스러워지느냐이다.

푸드비즈랩이 애초에 이 실험을 시작한 이유를 떠올려보자. 국산 맥주가 정말 그렇게 맛이 없을까? 핵심은 바로 그거다. 마케팅과 여론이 그것이다. 사람은 코와 혀로만 맛을 느끼는 것이 아니라 경험과 다양한 정보, 학습과 기억 등을 동원하여 종합적으로 맛을 판단한다. 이런 종합적 판단으로 사람들이 맛없다고 느끼면 실제로 맛이 없는 것이다. 국산 맥주가 관능적으로 선호된다는 블라인드 관능실험의 결과는 그 자체로는 의미가 있지만, 누가 음식이나 음료를 눈을 감은 채 먹고 마시겠는가? 실제 상황에서는 우리 모두 두 눈을 부릅뜨고 브랜드를 확인하고 마신다. 맛에 대한 평가는 그때 비로소 이루어진다. 즉 관능적으로 우수한 음식과 음료를 만드는 것만으로는 고객을 만족시키지 못한다. 마케팅을 잘해야 한다. 그래서 우리 푸드비즈랩이 존재한다. 음식의 가치를 발굴하고 잘 전달하는 것이 중요하기 때문이다.

　국산 맥주는 맛없는 맥주치고는 의외로 잘 나간다. 국산 맥주 모 브랜드는 사람들의 입맛이 까다롭기로 소문난 홍콩에서 2000년대부터 시장점유율 1위를 차지하고 있다. 국산 맥주의 아시아와 중동, 유럽으로의 해외 수출 추이는 물량과 금액에서 해마다 기록을 갈아치우고 있다. 맛없는 맥주의 기적

과도 같은 선전에 세계인들의 음주 취향을 의심할 수밖에 없다. 맛은 매우 주관적인 기준으로 정의내릴 수 있는 기호 같지만 전적으로 내적 조건에 의해서만 결정되지는 않는다. 혀와 코로 느끼는 1차적인 감각에 더해 음식에 담긴 이야기, 역사, 브랜드, 문화와 사회적 환경, 여론과 기대심리 등 많은 요소가 버무려져 우리의 입안으로 들어온다. 우리는 그렇게 여러 음식들을 먹고 마신다.

오해를 방지하고자 조심스럽게 덧붙이자면, 이 이야기는 국산 맥주가 맛없다는 사람들에게 실은 국산 맥주가 맛있다고 설득하려는 것이 아니다. 누가 뭐래도 맛의 최종적인 판관은 바로 자신이다. 다만 국산 맥주, 수입 맥주 가리지 않고 모두 사랑하는 입장에서는 국산 맥주에 쏟아지는 비난이 약간 과한 면도 있어 보인다. 언론을 통해 국산 맥주가 맛이 없다는 부정적인 여론이 확대 재생산되었다 하더라도 소비자들이 부정적인 이미지를 너무 쉽게 받아들인 것도 사실인 듯하다. 하지만 그런 인식에도 이유가 있을 것이다. 조심스레 추정해보면 다양한 수입 맥주가 쏟아져 들어오기 시작하면서 엇비슷한 라거 맥주 일색이던 국산 맥주에 대한 지겨움이 비난의 형태로 확대된 것은 아닐까?

맥주 맛에 관한 테스트를 한 지 8년이 되었다. 그 사이 몇몇 거대 맥주회사가 시장을 독점하다시피 했던 국내 주류시장에 새로운 바람이 불기 시작하고 있다. 수입 맥주뿐만 아니라 다양한 국내 크래프트 맥주의 꽃이 여기저기서 예쁘게 피어나고 있다.

미식가를 위한 팁

사람이 음식의 맛을 느끼고 판단할 때는 오감만 활용하는 것이 아닙니다. 예전의 경험과 기억, 선입견, 그리고 브랜드 이미지 등도 크게 작용하죠. 앞의 실험에서 알 수 있듯, 똑같은 맥주를 마셨는데도 국산 맥주라고 하면 맛없다는 생각이 들고, 수입 맥주라고 하면 맛이 더 좋게 느껴집니다. 이상한 거 아니냐고 생각하실지 모르지만, 원래 맛에 대한 판단의 본질 자체가 이렇답니다.

비즈니스를 위한 팁

제품이나 메뉴에 관한 좋은 스토리는 고객이 똑같은 음식을 먹어도 훨씬 맛있다고 판단하도록 만듭니다. '토마토 소스로 볶은 닭'을 '황금빛이 돌 때까지 구워 가장 부드러운 치킨과 토마토, 샬롯, 그리고 산에서 채집한 버섯으로 감칠맛을 낸 맛있는 소스'라고 메뉴판에 표현하면 고객들은 훨씬 맛있게 느낍니다. '짬뽕수제비국'도 '하얀 수제비가 들어간 얼큰 짬뽕국'이라고 하면 맛이 구체적으로 상상되면서 입에 침이 고이게 됩니다. 브랜드도 마찬가지입니다. 실은 '어릴 적 먹던'이라는 것만 앞에 달아도 고객들은 더 맛있다고 생각할걸요? '버섯고기잡채'를 '봄나물과 향긋한 버섯으로 함께 볶아낸 잡채'라고 하면 더 맛있어집니다. 여기에다 '봄나물과 향긋한 버섯으로 함께 볶아낸 어릴 적 먹던 잡채'라고 하면 훨씬 더 맛있어집니다. 안 그럴까요?

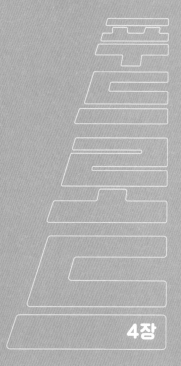

4장

순창, 맛과 건강의 절묘한 콜라보

잘 먹고, 잘 마시고, 잘 노는 방법을 연구한다는 연구 목표에 걸맞게 사람과 음식과 시장이라는 주제로 서로 가르치고 배우며 성장한다는 교학상장敎學相長이 실현되고 있는 곳이 내가 경험한 푸드비즈랩이다. 앞으로 계속될 이들과의 연구 교류가 기대된다. 나는 푸드비즈랩 어벤저스의 미국 지부 열성 팬이다!

케이시 김(브라이언트대학교 마케팅학과 교수)

우리나라 사람들이 순창이란 지명을 듣고 떠올리는 이미지는 단연 고추장이다. 그런 면에서 순창 고추장은 브랜드로 확실하게 구축되었지만 순창 군민들로선 그게 또 고민이다. 고추장 말고도 자랑할 부분들이 많음에도 부각되지 않고 있으니 말이다. 예를 들면 순창은 블루베리와 토마토, 두릅, 삼채, 매실, 꾸지뽕과 같은 채소도 유명하다. 여기에 특유의 '장'을 중심으로 한 식문화가 어우러지면서 자연스레 건강하고 장수하는 마을이 되었지만 이런 사실은 크게 주목받지 못하고 있다.

순창에 위치한 장류연구소와 건강장수연구소는 이 지역의 질 좋은 농산물과 장 문화가 어떻게 사람들을 건강하고 장수하게 하는지를 연구하기 위해 순창군이 설립한 기관이다. 그 노력의 결과가 이름하여 '순창 건강장수 식단'이다. 순창 건강장수연구소와 여러 대학 식품영양학과가 의기투합하여 개발한 이 식단은 순창에서 기르고 수확한 친환경 농산물들을 활용하여 현대인들이 건강하게 먹을 수 있는 레시피를 담고 있다. 지역 특산물과 식품 건강정보가 잘 어우러진 성과였지만 그야말로 '정보성 지식' 형태에 가까워 많은 관심을 얻지 못했다. 그래서 순창 건강장수연구소가 레시피에 '스토리'를 결합하여 새로운 관점에서 다시 접근해볼 것을 푸드비즈랩에 제안했고, 내가 이에 흔쾌히 응하면서 우리의 순창 여행이 시작되었다.

건강과 장수에 관한 스토리텔링

'순창 프로젝트'의 목표는 '순창의 건강, 장수 이미지를 기반으로 한 스토리를 레시피에 입혀보자'는 것이었다. 이를 위해 우리는 순창의 농산물과 유명 레시피, 이 지역 고택에서 오랫동안 전해내려온 종갓집 사람들의 식문화, 그리고 오래

된 지역 식당들을 다각적으로 조사해야 했다.

다만 이 과정이 '음식의 효능'으로 귀결되는 것만은 주의했다. 예를 들어 '두릅을 먹으면 장수한다더라' 식으로 이야기를 풀다 보면 음식이 아니라 약이 되어버리고, 그 순간 순창 두릅에 대한 다양한 스토리는 불필요한 것이 된다. 두통약에 무슨 스토리가 필요할까? 음식은 오로지 생물학적 필요성을 위해 먹는 게 아니어서, 음식에 얽힌 문화적 부분이 빠지면 단순한 공장 생산품에 지나지 않는다. 그래서 우리는 몸에 관련된 효능보다는 '건강과 장수의 이미지', 그리고 '신선한 지역의 식재료를 먹는다'는 데 집중하기로 했다.

"서영아, 이 프로젝트는 네가 적임자야. 너 학부 전공이 신문방송학이니까 순창 음식에 관한 스토리텔링을 만드는 거랑 일단 딱 맞아. 그리고 이 프로젝트는 어쩔 수 없이 많이 먹어야 하거든. 네가 딱이다, 딱. 인턴 학생이랑 네 명으로 한 팀 짤 테니까, 네가 프로젝트 리더로 순창에 가는 거야. 물론 나도 같이 내려가긴 할 텐데…."

"교수님, 맡겨주세요. 이야기 짜는 거랑 먹는 거라면 다 자신 있어요!"

그렇게 황서영 연구원을 중심으로 팀을 꾸려 순창으로 출

"한가하게 맛집이나 돌아다니며 일하다니 팔자 좋군!"
일단 푸드트럭 88개의 음식을 한 번에 드셔보시고 이야기합시다.

발했다. 자, 여기까지만 보면 '뭐야, 한가하게 맛집이나 돌아다니면서 일하다니 팔자 좋군!' 하고 이야기할 수도 있다. 하지만 실상은 그렇지 않다. 이런 일은 첫 끼 정도는 맛있는 음식을 먹을 수 있어 행복하지만(물론, 언제나 맛있는 음식을 먹는 것도 아니다!) 그다음부터는 고역이다. 서울시 도깨비 야시장의 푸드트럭을 심사할 때는 반나절 동안 푸드트럭 88개의 음식을 먹어야 했고, 삼겹살집 취재를 위해 하루에 삼겹살로만 여섯 끼를 먹어야 했던 적도 있다. 이 정도면 극한의 직업 아닌가?

듣기만 해도 순창이 느껴지는 스토리

우리는 순창에서 지역 음식 자료를 모으기 위해 하루 평균 다섯 끼의 식사를 해야 했다. 주로 한정식이었다! 고된 일이었지만 덕분에 우린 순창에서 더없이 진귀한 경험을 할 수 있었다. 음식과 문화가 진하게 녹아 있는 이야기를 생생하게 들을 수 있었으니 말이다. 순창의 식당 산호가든에 관한 이야기도 그 중 하나다. 자, 우리의 스토리텔링을 한번 보시라.

전주가 고향인 남편과 순창이 고향인 아내가 순창 감 과수원에 자리를 잡고 1995년부터 운영하기 시작한 산호가든의 주력 메뉴는 엄나무와 꾸지뽕이 들어간 닭백숙이다. 순창의 산에서 구하기 쉬운 꾸지뽕을 넣은 백숙은 특유의 향이 감돌아 닭 비린내를 잡아줄 뿐만 아니라 죽을 쑤어도 맛이 좋다. 여기에 아내가 전주의 시어머니께 전수받은 옛날 시골 요리가 반찬으로 나와 특별함을 더한다. 더군다나 시장에서 파는 음식을 기피하는 주인의 고집 덕분에 산호가든의 반찬들은 정성과 손맛으로 완성된 일품들이다.

산호가든은 계절에 따라 제철 과채를 재료로 한 별미를 반찬으로 제공한다. 그중엔 산에서 직접 채취한 두릅의 부드러운 순과 야채를 넣어 부친 두릅전과 감 장아찌가 있다. 감 장아찌는 감이 익기 전에 따서 소금에 소주를 넣어 아랫목에 이삼 일간 두어 떫은 맛을 없애 만든다. 또 소금에 절인 생오이를 집에서 담근 고추장에 6개월간 박아놨다가 담근 오이 장아찌도 있다.

주인 내외는 닭백숙에 들어가는 꾸지뽕에 관해 자세한 이야기를 들려주었다. 꾸지뽕은 겨울에 채취하여 말려 쓰는데, 겨울이 아니면 삶을 때 껍질이 벗겨져 약효가 떨어지고 국물도 지저분해지기 때문이다. 또 꾸지뽕 가지에는 가시가 있어 삶을 때 요리에 들어갈 염려가 있으므로 조심해야 한다. 열매는 특유의 향이 강해서 일반 사람

은 먹기 힘들 정도다. 열매는 보통 갈아서 먹거나 얼렸다가 여름에 생과로 먹기도 한다. (후략)

  산호가든에 관해 말하자면 닭에 관해 이야기하지 않을 수 없다. 비가 엄청나게 내리던 어느 날, 함께 시식하던 우리는 닭의 질감을 놓고 열띤 토론을 벌였다. 한쪽은 토종닭의 쫄깃한 식감이 맛있다고 평한 반면 다른 한쪽은 턱이 아파 못 먹을 정도로 질기다고 주장했다. 닭의 질감에 관해서는 사실 정답이 없다. 산호가든에서 사용하는 닭은 산에서 직접 기르는 이른바 토종닭으로, 시중의 닭요리에 사용되는 육계와는 다르다. '팝콘닭'이라고도 불리는 육계는 사료를 먹고 팝콘 퍼지듯이 빨리 자라는 육용 닭인지라 토종닭에 비해 씹는 맛이 없다. 도시에서 많이 먹는 치킨은 대부분 이 팝콘닭으로 만든다. 부드럽고 말랑말랑한 식감을 추구하는 도시인의 턱은 갈수록 퇴화하여 토종닭의 맛과 씹는 즐거움마저 잊어버린 것 아닐까?

현미로 다이어트, 할 수 있을까

그런데 우리가 '순창 맛집 기행(?)' 프로젝트를 수행하며 배부름과 체중 증가로 고통받고 있을 때, 순창의 다른 한켠에서는 반대로 배고픔으로 고통받는 또 다른 푸드비즈랩 프로젝트가 진행되고 있었다. 이름하여 '현미 다이어트' 프로젝트!

시간을 두 달 반 전으로 돌려보자. 우리가 순창에 관한 이야기를 막 발굴하려고 할 때, 농림축산식품부 관계자로부터 연락이 왔다. 당시 농림축산식품부는 국민들의 쌀 소비량이 크게 떨어져 골머리를 앓고 있었다. 이곳 관계자들은 어떻게 해야 사람들이 쌀을 예전처럼 많이 먹을까, 라는 화두 때문에 1년 내내 고민을 달고 살았다. 과거에 비해 국민들이 쌀을 많이 먹지 않는 이유야 많겠지만, 유력한 원인 중 하나는 '탄수화물을 먹으면 살이 찐다'는 믿음이었다. 실제로는 쌀이 살을 찌우지 않는다! 라는 사실을 증명해달라는 것이 우리 푸드비즈랩이 의뢰받은 또 다른 미션이었다.

'쌀을 먹으면 살이 찌지 않는다.'

명백히 틀린 말이다. 먹는데 어찌 살이 찌지 않을 수가 있겠는가. 그래서 우리는 농림축산식품부를 설득하여 연구의 방향을 바꾸자고 했다. 소비자들에게 던지는 메시지를 '쌀을 먹으면 살이 찌지 않는다'에서 '현미로 밥을 해서 먹으면 완전히 도정된 백미나 밀가루보다 살이 덜 찐다'라는 쪽으로 바꿔야 과학적 방법으로 검증할 수 있는 가설이 된다고 설득했다. 주저하던 관계자들은 우리 랩과 함께 일하기로 한 연세대학교 세브란스병원 안철우 교수님이 함께 설득하자 결국 받아들였다.

기존 연구결과들을 찾아보니 탄수화물을 섭취했을 때 당으로 바뀌는 혈당지수GI가 정제된 밀보다 현미나 통밀이 낮다는 사실을 확인할 수 있었다. 백미나 일반 밀을 먹을 때보다 현미를 먹을 때 혈당이 적게 올라가고 탄수화물 흡수가 적어진다는 의미다. 또한 현미의 식이섬유소는 변비를 예방하고 체내의 유해 물질을 배출하는 등 다이어트에 효과적이다. 뿐만 아니라 현미의 쌀겨층과 배아에는 동맥경화와 노화를 방지하는 데 좋은 리놀레산linoleic acid이 많이 들어 있고, 세포 노화를 막아주는 비타민 B1과 비타민 E가 다량 포함되어 있어 영양 밸런스가 깨진 '다이어터'들에게 꼭 필요한 고마운 곡물이다.

자료조사를 통해 현미가 백미나 흰 밀가루보다 체중 및 체지방률 증가에 적게 영향을 미쳐 다이어트에 도움이 된다는 사실을 확인한 우리에게 남은 일은 실험을 통한 증명뿐이었다. 방법은 다음과 같았다.

　실험에 참가하는 구성원을 두 집단으로 나눈 후 한쪽은 현미와 통밀빵을, 다른 한쪽은 흰 쌀밥과 흰 빵을 섭취하게 하고 둘의 다이어트 성과를 비교하는 것이다. 그러려면 일단 체중 감량을 해야 하므로 섭취 칼로리를 제한해야 한다. 또한 실험을 효과적으로 진행하기 위해 참여자들이 먹는 음식을 똑같은 양으로 통제하는 것이 중요하다. 전화 한 통이면 치킨이 배달되고, 걸어서 3분이면 편의점에 갈 수 있는 서울이나 대도시의 가정에선 아무래도 술과 야식의 유혹을 이기기 힘들다.

　그러던 중 푸드비즈랩과 순창 레시피 관련 프로젝트를 시작한 순창 건강장수연구소가 눈에 들어왔다. 강천산 중턱에 위치한 순창 건강장수연구소는 시설이 훌륭하고 운동도 가능했으며, 코가 뻥 뚫리는 대자연의 공기까지 있어서 실험에 최적의 장소였다. 숙박시설도 완비되어 있었고, 무엇보다 주변에 뭔가를 사 먹을 곳이 전혀 없었다. 주변 산속의 버섯 말고는 먹을 것이 없었다. 합숙 실험을 시작할 때 참여자들에게는 밤에 뱀이 나오니 산속에 가지 말라고 거짓 당부를 했다. 배고픔을 못 이겨 버섯을 캐 먹는 일은 없겠지만 말이다.

곧장 연구소 소장님을 찾아가 실험의 취지를 설명했더니 시설을 빌려주시는 것은 물론 연구도 함께하자며 적극적으로 동참해주셨다. 게다가 우리가 한창 조사 중이었던 순창 건강장수 식단을 칼로리를 절제한 조리식으로 제공해주시기로 하셨다. 천군_萬馬_을 얻은 셈이었다.

그런데 문제가 하나 있었다. 실험 참여자들이 일주일쯤 합숙을 하려면 다이어트 프로그램 외에도 알찬 활동을 추가해야 했다. 군대에서도 장병들을 가만히 두면 장병들은 오히려 더 힘들어한다. 그래서 군대에서는 종종 부삽으로 산을 떠서 옮기는 일을 하곤 한다. 실험을 제대로 하려면 참여자들이 지루해하지 않고, 실제로 다이어트에 도움이 되는 활동을 해야 했다. 우리 푸드비즈랩은 먹는 것에 관한 연구가 전문이지, 다이어트에 관한 연구는 전문이 아니다. 그래서 우리는 이번엔 대한민국 다이어트 산업의 마켓 리더인 쥬비스를 찾아갔다. 몸속 지방들이 무서워하는 '다이어트 마스터' 조성경 대표님께 사정을 이야기했더니 또 흔쾌히 참여해주기로 하셨다. 이로써 쥬비스 비만연구소의 연구진까지 순창 현미 다이어트 프로젝트에 전격 투입되었다. 연구소는 심지어 쥬비스의 현미로 만든 다이어트 식품을 무상으로 제공해주었다. 만마萬馬를 얻었다. 이렇게 연합군 구성이 완료되었다. 품에 현미를 안고 주적인 비만을 향해 진격!

방송국까지 나선 다이어트 프로젝트

우리 푸드비즈랩은 전체 실험을 기획하고 진행하는 역할을 맡았다. 연세대 세브란스병원 내분비과 안철우 교수팀은 혈액과 호르몬 분석을, 쥬비스 비만연구소는 다이어트 프로그램 구성을 맡아주셨다. 마지막으로 순창 건강장수연구소에서는 시설을 제공하고 순창 건강장수 식단을 기반으로 한 다이어트 식단을 구성해주셨다. 바야흐로 서울대 푸드비즈랩, 연세대 세브란스병원, 쥬비스 비만연구소, 순창 건강장수연구소 4자 공동 프로젝트가 출범한 것이다. 여기에 KBS <생로병사의 비밀> 팀이 이 과정을 취재하면서 판이 삽시간에 수십 배로 커졌다. 이제 후퇴는 없다. 밑장 빼기 하다간 손모가지 날아간다!

"소영아, 이 현미 다이어트 연구의 적임자는 너인 것 같아. 이 일은 꼼꼼해야 하거든. 챙겨야 할 것도 많고. 네가 딱 맞네! 그리고 실험 설계와 구현이 중요한데, 우리 랩에서 그거 제일 잘하는 사람이 바로 너잖니. 니가 딱이다, 딱. 인턴 학생이랑 네 명으로 한 팀 짤 테니까, 네가 프로젝트 리더로 순창에 가는 거야. 그런데 너도 같이 다이어트 프로그램에 참여해야 해. 참가자들은 다이어트하는데, 우리만 막 먹을 순 없잖아. 그치? 소영아, 그런 의심의 눈으로 보지 마. 응, 물론이지. 나도 함께할 거야."

그리하여 다이어트 계획이 전혀 없던 서소영 연구원은 물론이고 세 명의 인턴 학생들까지 느닷없이 다이어트에 돌입하게 되었다. 서소영 연구원은 즉시 실험 설계에 들어갔다.

네 조직이 의기투합하자 그다음은 속전속결, 일사천리였다. 우리는 온라인으로 실험 참가자 모집 공고를 냈다. 남녀의 성비를 맞추고, 연령대를 20대부터 60대로 설정했다. 각 대학교 게시판과 페이스북, KBS 홈페이지에 게재한 공고에 많은 사람이 참가 신청을 했다. 우리는 특별한 질병이 없는 과체중이거나 비만인 건강한(?) 사람들을 두 그룹으로 나누

2016 자연 속 힐링 감량 캠프 안내

1. 참여 대상: BMI 25 이상인 한국 성인 남녀 40여 명

2. 캠프 주요 일정: 2016. 7. 11~7. 18(7박 8일)

일시	일정 내용	장소
2016. 7. 11(월) 오전 8시 30분	집합 및 캠프 전 건강 검사 (혈액 및 호르몬 검사 포함)	강남 세브란스병원 중강당(신관 3층)
2016. 7. 11(월)~18(월)	캠프 프로그램 진행(7박 8일)	순창 건강장수연구소
2016. 7. 18(월) 오후 2시 종료	최종 건강 검사 후 해산	강남 세브란스병원

3. 캠프 소개

서울대학교 푸드비즈랩과 강남 세브란스병원, 쥬비스 비만연구소, KBS 〈생로병사의 비밀〉, 순창 건강장수연구소와 함께하는 이번 캠프는 반복되는 일상의 스트레스에서 벗어나 전북 순창의 자연 속에서 스트레스와 체지방을 날려버릴 수 있는 체중 감량 캠프입니다.

일주일 동안 본 캠프에 참여하시는 분들께는
① 영양 전문가와 함께하는 식이조절 식단,
② 쉽게 배워 집에서도 매일 편하게 할 수 있는 운동 팁, 그리고
③ 즐거운 레크리에이션 및 다양한 체험 프로그램까지 제공됩니다.

더불어 다이어트 전문기업인 쥬비스의 식이 및 건강 관련 전문가들이 진행하는 건강 컨설팅으로 캠프가 끝난 후에도 건강한 감량을 진행하실 수 있도록 도와드릴 예정입니다.

배변에 관한 설문

맥밀런과 윌리엄스(1989)의 배변장애 평가 척도(3점 척도)

1. 헛배가 부르고 팽팽한 느낌이 있다.

① 전혀 그렇지 않다	② 약간 그렇다	③ 매우 그렇다

2. 가스가 나오는 양이 많아졌다.

① 전혀 그렇지 않다	② 약간 그렇다	③ 매우 그렇다

3. 대변 보는 횟수가 줄었다.

① 전혀 그렇지 않다	② 약간 그렇다	③ 매우 그렇다

4. 배변 시 대변에 피가 묻어 나온다.

① 전혀 그렇지 않다	② 약간 그렇다	③ 매우 그렇다

5. 뒤가 묵직하거나 변이 차 있는 것 같다.

① 전혀 그렇지 않다	② 약간 그렇다	③ 매우 그렇다

6. 배변 시 힘들고 아프다.

① 전혀 그렇지 않다	② 약간 그렇다	③ 매우 그렇다

7. 대변량이 적다.

① 전혀 그렇지 않다	② 약간 그렇다	③ 매우 그렇다

8. 대변이 잘 나오질 않는다.

① 전혀 그렇지 않다	② 약간 그렇다	③ 매우 그렇다

* 측정 시점: 캠프 첫날(2016. 7. 11), 캠프 중간 날(2016. 7. 14), 캠프 마지막 날(2016. 7. 17)

었다. 최종 참가자는 남성 16명, 여성 23명, 총 39명이었다. 이제 이들은 일주일간 합숙하며 통제된 식단과 규칙적인 다이어트 프로그램을 체험해야 했다. 매일 아침과 저녁에 체중 변화를 체크하고, 실험 기간 중 세 번 배변 활동에 대한 설문에 답해야 했다.

이러니저러니 해도 실험의 주안점은 '현미의 다이어트 효과 입증'에 있었으므로 식단 구성이 중요했다. 우리는 전체 참여자를 그룹 A와 그룹 B 두 그룹으로 나누고 기본적으로 똑같은 음식을 먹였다. 다만 탄수화물 섭취를 구분하기 위해 그룹 A에는 주로 현미를, 그룹 B에는 주로 흰 밀가루로 만든 빵을 제공했다. 아침식사로는 순창 건강장수연구소가 개발한 건강 레시피로 만든 음식을 제공했다. 역시 탄수화물만 차별을 두어서 그룹 A에는 현미밥을, 그룹 B에는 흰 쌀밥을 제공했다. 실험 참가자에겐 아침에 대략 500킬로칼로리를 제공했고, 점심과 저녁 식사로는 남성은 끼니당 600킬로칼로리, 여성은 400킬로칼로리를 제공했다. 굶는 것이 아니라 칼로리를 적절히 제한한 다이어트 프로그램을 제공하는 것이 우리의 의도였다.

실험은 순조롭게 진행됐다. 참가자들이 통제 생활에 불만을 느끼고 산을 넘어 다른 마을에서 별식을 먹고 오진 않을까, 잠시 걱정했지만 기우였다. 낮에는 쥬비스의 다이어트 전문가들이 다이어트에 좋은 운동(평상시 쓰지 않는 근육을 주로 쓰게 하는)을 지도해주었고, 쉴 틈 없이 상담하고 재미있는 활동을 제안했다. 힘을 덜 들이며 감량하려면 바쁘고 즐거워야 한다. 순창의 현미 다이어트 프로그램이 그랬다. 하이킹 도중 누군가 벌통을 걷어차기 전까진 말이다. 그 순간 성난 벌떼들이 달려들었고, 하필이면 벌독 알레르기가 있는 참가자를 쏘았다. 그분은 치료를 위해 도중에 하차할 수밖에 없었다. 또 자신은 도저히 못하겠다고 중간에 포기한 한 분을 제외한 37명이 무리 없이 일정을 끝까지 채웠다.

현미 다이어트, 그 결과는?

우리는 매일 밤 참가자들을 대상으로 체중이 얼마나 빠졌는지, 배변 상태가 어떤지, 변비가 생겼는지, 기분이 어떤지 등을 조사했다. 결과를 보면, 정제하지 않은 탄수화물인 현미를 먹은 그룹 A의 다이어트 효과가 정제된 탄수화물을 먹은

홀로 중용의 길을 걷다.

그룹 B보다 좋다는 사실을 알 수 있었다. 건강상태도 그룹 A 가 더 좋았다. 일주일간 똑같은 칼로리와 양을 섭취했음에도 그룹별로 성과가 달랐다. 개인별로도 차이가 났는데, 심지어 실험 이전의 체중에서 조금도 변하지 않은 사람도 있었다. 기초대사량이 낮았기 때문이다. 물론 굶으면서 운동을 하면 살이 빠진다. 하지만 지속가능한 다이어트 방법이 아니다. 다이어트에서 중요한 것은 꾸준히 운동하면서 기초대사량을 끌어올려 살이 빠질 수 있는 몸을 갖추는 것이다. 그래서 운동이 중요하다.

이 일주일 동안 푸드비즈랩 연구원들 대부분이 순창에서 지냈다. 황서영 연구원이 이끄는 순창 건강장수 식단 스토리텔링 팀은 하루에 다섯 끼씩 먹고 매일 저녁 숙소에 돌아와 과한 포만감에 고통을 호소했고, 서소영 연구원을 비롯한 순창 현미 다이어트 팀은 허기 때문에 고통스러워했다. 나는? 매일 밤 숙소에 모여 서로를 부러워하며 증오하는 두 팀원들을 사악한 미소로 지켜볼 뿐이었다.

현미 다이어트 실험을 마친 후, 연세대 세브란스병원의 안철우 교수팀이 진행한 혈액검사 및 호르몬 변화 분석 또한 현미의 놀라운 효과를 입증해주었다. 식후에 포만감을 느끼게 해주는 PYY 호르몬이 현미를 섭취한 그룹 A에서는 유지된 반면 백미와 밀가루를 섭취한 그룹 B에서는 감소했다는 결과가 나온 것이다. 또한 식욕을 촉진하는 그렐린 호르몬이 그룹 A에서 감소하는 경향이 나타났는데, 이 말인즉 현미를 먹으면 배가 덜 고프고 식욕이 줄어든다는 뜻이었다. 현미 중심으로 식단을 짠 다이어트 프로그램을 실천하면 단순히 살만 빠지는 게 아니다. 대사증후군의 원인이 되는 인슐린 저항성이 좋아지고, 식욕 호르몬(그렐린)과 포만감 호르몬PYY의 균형이 생기며, 콜레스테롤 지질대사에도 긍정적인 영향이 나타나면서 혈관 건강에도 도움이 된다.

맛과 건강의 콜라보라는 새로운 과제

순창에서 동시에 진행한 두 프로젝트는 연구원과 실험 참가자들의 노력 덕분에 무사히 마무리되었다. 먼저 순창 건강장수연구소의 의뢰에 따라 착수한 건강 식단 프로젝트는 'The 건강한 밥상 스토리텔링 레시피'란 이름의 책자로 완성됐다. 앞서 소개한 산호가든의 두릅메밀쌈과 두릅표고전을 비롯하여 총 35개의 메뉴를 지역 식당에 관한 자세한 소개, 음식과 지역을 둘러싸고 전래된 이야기, 순창 농산물의 효능과 함께 소개했다. 또 현미 다이어트 프로젝트의 결과물은 같은 해 KBS <생로병사의 비밀>에서 방영되었고, 결과의 일부는 한국식품영양학회 학술대회에서 발표되었다.

현미 다이어트는 우리에게 또 다른 과제를 안겨주었다. 현미는 나락만 벗겨낸 현미가 있고, 그 밖에 2분도, 4분도, 5분도, 7분도, 9분도로 나뉜다. 숫자가 커질수록 백미에 가깝다고 할 수 있으며, 10분도를 완전미라고 한다. 껍질만 벗겨낸 1분도 현미는 백미와 달리 먹기 힘들다는 것이 중평이다. 이때는 9분도에서 시작해 7분도를 먹어보고, 적응이 되면 점점 숫자가 작은 현미를 추천한다. 이와 관련하여, 현미를 먹기가 힘들다면 좀 더 쉽게 먹을 수 있도록 해주는 식단을 개발해보자는 과제가 새롭게 떠올랐다. 요리 전문가의 도움을 받아 요즘 사람들도 먹기 쉬운 메뉴를 만들거나, 현미에 백미를 섞어 입에 덜 까끌거리도록 만드는 방법 등 여러 가지가 있을 것이다. 그것을 순창의 건강 식단, 몸에 좋은 제철 채소들과 결합한다면 그야말로 맛과 건강의 콜라보, 환상의 일석이조 아니겠는가?

나는 순창에서 첫 하루는 스토리텔링 팀에 끼어서 잘 먹다가, 이후에는 다이어트 팀에 끼어 다이어트를 했다. 순창에서 모든 조사와 연구를 마쳤을 때는 체중이 2.5킬로그램이나 빠져서 대단히 기뻤다. 스토리텔링의 달인 황서영 연구원은 푸드비즈랩에서 석사 졸업 후 모 식품 전문지의 기자로 활동하고 있고, 식품 섭취 관련 실험 전문가 서소영 연구원은 졸업 후 국내 모 식품 대기업의 브랜드 매니저로 활동하고 있다.

미식가를 위한 팁

요즘 모두들 다이어트에 관심이 많습니다. 그런데 다이어트와 관련하여 가장 잘못된 인식 중 하나는 무언가를 더 먹으면 살이 빠진다는 막연한 믿음입니다. 그럴 리가 없지요. 어쨌든 덜 먹어야 빠집니다. 허위 과장 광고에 속지 마세요. 또한 지방, 단백질, 탄수화물을 골고루 먹지 않고 이 비율을 극단적으로 통제하는 다이어트는 단기적으로는 감량효과가 있습니다만, 중단하면 빠르게 체중이 제자리로 돌아옵니다. 이런 다이어트를 장기적으로 하면 건강에 매우 좋지 않은 결과를 초래한다는 의학적 견해가 많습니다.

가장 확실한 다이어트 방법은 섭취하는 음식의 양을 줄이는 것입니다. 다만 포만감을 유지하는 것이 다이어트에서 매우 중요합니다. 허기를 느끼는 상태로 다이어트를 하면 신체적으로나 정신적으로 힘들기 마련이니까요. 대체로 식이섬유가 많은 식품이 포만감을 지속하는 데 도움이 됩니다. 우리 푸드비즈랩과 쥬비스 비만연구소의 공동연구결과에 따르면 규칙적인 식사를 하고 아침, 점심, 저녁의 섭취량도 차이가 크지 않도록 조절하면 체중 감량에 많은 도움이 됩니다.

비즈니스를 위한 팁

더 먹는다고 다이어트 되는 음식은 없는 거, 솔직히 잘 아시잖아요?
과대광고하지 맙시다.

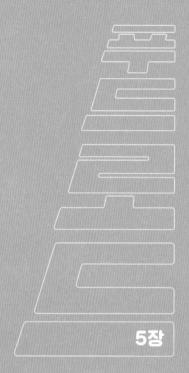

5장

찾아라, 우리 토종닭!

푸드테크 스타트업을 창업할 때부터 나는 한국 고유의 것에 관심이 많았다. 우리 회사는 한국 식자재를 가공한 비건 김치 시즈닝 같은 식재료를 해외에 수출하고 있고, 순천 고들빼기, 영월 고춧가루 등 지방의 특산물을 개발하는 데 주력하고 있다. 제품의 품질을 높이는 것 외에도 포장에서부터 한국 고유의 색이 잘 드러나고 제품에 멋과 흥이 있는 우리의 스토리텔링을 제공하기 위해 큰 노력을 기울이고 있다. 이 작업의 든든한 우군이 바로 문정훈 교수님과 푸드비즈랩이다.

안태양(푸드컬처랩 대표)

지난 세월 동안 우리나라의 식품 마케팅을 주도한 용어 중 두 가지는 약식동원藥食同源과 신토불이身土不二다. 이걸 먹으면 허리에 좋아요, 이걸 먹으면 정력에 좋아요 운운하는 약식동원 마케팅은 음식을 약으로 취급하며, 음식의 다양한 가치 대신 오로지 약성에 초점을 맞추게끔 유도한다. 때문에 소비자들은 생산자들이 경쟁적으로 광고하는 약의 효능만을 제공받고, 약성이 떨어지는 음식에 대해선 선택할 권리조차 행사할 수 없게 된다. 약성으로 축약되는 약식동원 마케팅은 음식에 담긴 이야기와 역사를 지워버리고 결과적으로 식문화를 황폐화시킨다. 두통약 사는 데 효능과 가격 말고 중요한 게 무엇이 있겠는가?

신토불이 마케팅도 비판적으로 접근할 필요가 있다. '우리 것이 좋아요'를 강조하는 신토불이는 실은 과학적 근거가 없다. 무작정 우리 농산물과 식재료가 좋다고 구매를 권하는, 일종의 프로파간다에 가깝다. 이는 품질과 가격 등 여러 요소에서 외국 농산물과 경쟁하기 어려웠던 때 한시적으로 소비자들을 우리 농산물에 묶어두려던 정책의 산물이라 할 수 있다. 한때 외국 농산물의 위협을 막기 위한 장벽 역할을 해주었지만 이제는 이러한 관점을 극복해야 하지 않을까.

우리가 바나나를 먹고 커피를 마시는데 꼭 죄책감을 느껴야 할까? 신토불이를 이야기하면서 우리 농산물은 어떻게 수출하나? 중국 소비자들이 중국 농산물이 아니라 우리 농산물을 먹으면 신토불이가 아니라서 몸이 아프거나 쓰러질 리는 없지 않은가.

한국의 고전적인(?) 마케팅을 언급하며 글을 시작한 이유는 이번 이야기의 주제인 토종닭이 약식동원과 신토불이 한가운데 위치한 대표 주자이기 때문이다. 사람들은 흔히 토종닭을 먹으며 보양식이라고 얘기하곤 한다. 또 '우리 닭이 우리 몸에 더 좋다'는 이미지도 분명히 존재한다. 그런데 뒤집어 생각해 만약 토종닭이 '약'도 아니고 '토종'의 가치가 없어도 우리는 이렇게 큰 관심을 가질까? (혹은, 그럴 수 있을까?) 지금부터 하려는 이야기는 바로 그 물음에 대한 푸드비즈랩 나름의 대답이자 우리가 토종닭에 조금이라도 책임감과 애정을 가져야 한다는 당부다.

종자 주권은 훼손되고 유전자 다양성은 사라지고

일제강점기 때 한반도에 들어온 것은 일본인들만이 아니었다. 그들은 닭과 돼지도 데려왔다. 이 가축은 일본이 우리보다 일찍 개항하면서 수용한 서양의 품종들이었다. 서양은 고도화한 육종 기술을 통해 가축들을 살코기가 많고 알이나 새끼를 많이 낳는 품종으로 개량했다. 한반도에 들어온 닭과 돼지는 바로 이러한 품종들이었다.

당시 한반도에도 여러 종류의 닭이 자생하고 있었다. 그러나 외래종 닭이 들어오자 생산성을 이유로 외면당하고 대체되었다. 집에서 기르던 가축은 축산업이 확장되는 근대의 상업화 과정에서 문제가 되었다. 사료를 먹여도 살이 잘 찌지 않고, 자라는 속도도 먹는 양에 비해 느렸다. 같은 시간과 돈을 들였는데 결과가 월등히 다르면 축산업자로서 무엇을 선택하겠는가? 결국 대다수의 축산 종사자들은 토종닭을 버리고 일본이 들여온 개량종을 도입했다. 동시에 유전적 특성이 다양한 닭들이 한반도에서 사라졌다.

생산성 좋은 닭이 남고 토종닭이 사라진 게 어째서 문제가 될까? 신토불이가 아니라서? 그렇지 않다. 크게 두 가지 문제가 있는데, 먼저 글로벌 종자회사를 통해 오늘날의 양계산업 전체를 훑어봐야 한다. 고도로 산업화한 오늘날에는 닭이 상품처럼 만들어지고 있다. 국내 양계농장에서 기르는 닭의 품종은 글로벌 종자기업이 만들어낸 현대 육종기술의 결과물이다. 농장에서 기르는 이 닭이 낳은 달걀로 병아리를 기르면 지식재산권 위반이 된다. 당연히 이 회사는 국내 산업을 독점하다시피 하고 있다. 그럼에도 이런 닭을 키우는 이유는 하나다. 빨리 자라기 때문이다.

제주에 남아 있는 제주도 재래 품종인 구엄닭은 1년을 키워도 1킬로그램이 겨우 넘을 정도인데, 이 글로벌 종자회사가 만든 생산성 좋은 닭은 20일 정도면 1킬로그램에 도달한다. 사료를 적게 먹고 빨리 자라니 축산업자들이 마다할 이유가 없다.

이는 생산비를 낮추기 위해 생산력이 높은 품종만 좇아온 양계산업의 어두운 현실이다. 그리하여 국내 농업인들은 종자를 다양하게 선택할 수 있는 권리를 빼앗겼으며, 육계업의 실질적인 이득은 글로벌 종자회사로 흘러가고 있다. 그럴 가능성은 적지만, 만약 이 회사가 한국에 병아리를 주지 않겠다고 협박을 하면? 한국 사람들은 당장 내일부터 치킨을 먹을 수 없게 된다. 종자 주권을 잃은 상황이 이렇다. 우리에게 선택권이 없다는 건 불행한 일이다.

두 번째 문제는 유전자 다양성의 훼손이다. 다양한 종자가 보존되지 않는 현실에서 또 하나의 걱정은, 환경이 급격히 변화하고 여러 질병이 발생하는 상황에서 생산성만 강조된 유전자를 갖고 있는 닭들이 속수무책으로 쓰러지는 상황이 발생하는 것이다. 현재 우리가 선택하여 기르는 대부분의 가축과 작물 품종은 생산성에 유리한 유전자를 갖도록 육종되었다. 생산성 일변도로 한 가지 품종에 '올인'했다가는 조류독감과 같은 불시 사태에 전국의 모든 닭이 몰살할 수도 있다. 그래서 여러 품종의 닭이 공존하여 다양한 유전자가 존재하도록 하는 것이 중요하다. 오랫동안 한반도의 지형과 기후에 적응한 우리 토종닭의 유전자가 미래의 진화를 위한 유전자

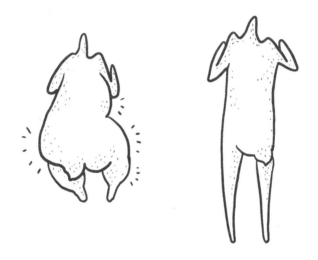

일반 육계(왼쪽)는 허벅지와 가슴이 크고 다리와 날개가 짧은데,
우리 토종닭(오른쪽)은 팔다리가 늘씬하고 허벅지와 가슴이 얇다.
같은 새로 보이지 않을 정도다.

풀에 남아 있도록 하는 것은 의미가 크다. 지금 거론한 두 가지 문제만으로도 우리가 토종닭에 관심을 가져야 하는 이유가 충분하다.

기르기 어려운 토종닭

그렇지만 실제 상황은 녹록지 않다. 가장 중요한 이유는 앞서 말한 바와 같이 토종닭이 양계산업에 특화된 개량 품종에 비해 기르기가 어렵기 때문이다. 오늘날 유통되는 닭의 모습은 우리가 알고 있는 닭과는 많이 다르다. 우리가 치킨으로 먹는 육계, 즉 육용 닭은 빨리 자라도록 육종되었다. 사료 효율성이 극도로 좋은 종들을 교잡해서 만든 까닭에 30일 정도 기르면 식용이 가능하다. 원래 일반적인 닭은 그렇게 빨리 자라지 않는다. 토종닭은 두 달 반쯤 키워야 비슷한 크기로 자란다.

게다가 일반 육계는 사람들이 선호하는 부위가 크게 자라도록 설계되었다. 가슴은 극단적인 '글래머'고, 다리는 짧고 허벅지는 굵다. 이러한 극단적인 효율성은 현대 육종기술의 결정체라 할 수 있다. 반면 우리 토종닭은 뼈가 굵고, 키도 훨씬 크다. 다리는 길고, 가슴은 납작하다. 실제로 털을 뽑아 육계와 비교하면 두 닭이 같은 종인가 싶을 만큼 확연히 다르다. 무엇보다 토종닭은 천천히 자라기 때문에 닭 농장에서는 기르려 하지 않는다. 우리나라에서 생산되는 닭 중 토종닭의 비중은 5퍼센트가 채 되지 않는다.

토종닭을 부활시켜라

그리하여 우리 푸드비즈랩에 '토종닭을 부활시켜라!'라는 미션이 주어졌다. 전국의 내로라하는 축산 분야 교수님들이 토종닭에 관한 육종과 사육 쪽을 담당하고, 우리는 토종닭 관련 홍보 마케팅을 맡았다. 이 연구는 '황금씨앗 프로젝트'라는 국가 연구개발사업의 지원을 받아 토종닭 품종을 복원, 고정시키고 더 많은 소비자에게 토종닭을 알리고 소비를 촉진하는 것을 목표로 출발했다.

시간을 잠시 과거로 되돌려보자. 1997년 우리나라를 위기에 빠뜨렸던 IMF 외환위기는 종자와 관련해서도 심각한 후

유증을 남겼다. 당시 많은 국내 기업이 도산하며 알짜 회사들이 해외에 팔렸는데, 국내 종자기업 또한 그 추세에서 자유로울 수 없었다. 외국 기업들은 국내 종자기업들을 사서 기업은 없애고 그 기업이 갖고 있던 종자들을 자신의 것으로 만들었다. 한국을 대표하는 고추라 할 수 있는 청양고추도 그때 외국으로 넘어갔다. 지금은 바이엘이 소유한 몬산토의 종자로 등록되어 있다. 우리가 청양고추 하나를 된장찌개에 송송 썰어 넣을 때마다 종자 로열티가 외국으로 나가게 된 것이다.

그후 오늘날까지 한국에 남아 있는 고유 품종이 거의 없다는 사실은 일개 기업의 차원을 넘어 국가적인 지식재산권의 위기에 관해 질문하게 한다. 그 심각성을 뒤늦게 확인한 농림축산식품부와 농촌진흥청이 우리나라의 토종 유전자원을 발굴하기 위해 2009년에 기획하여 2013년에 발족한 것이 바로 황금씨앗 프로젝트다. 토종닭을 포함한 축산, 채소, 과수, 곡물 등 한국에 남아 있는 모든 분야의 다양한 유전자원을 찾아내 분석·복원하고 산업화하는 것이 기획의 주요 골자다. 사업의 1단계는 2016년에 마쳤고, 2017년에 2단계 사업이 시작되었다. 우리 푸드비즈랩은 이때 토종닭 복원 프로젝트에 합류했다.

토종닭 복원 프로젝트의 여러 과업 중 하나는 품종 고정 작업이다. 현재 존재하는 품종 가운데 토종 형질을 잘 보유하고 있는 품종을 유전적으로 확인한 뒤 같은 품종으로 유지시키는 작업을 '고정'이라고 한다. 품종이 제대로 고정되지 않으면 세대가 지나면서 균질한 특성이 나오지 않을 수도 있는데, 그렇다면 이를 명확한 하나의 '품종'이라 말할 수 없게 된다. 따라서 고정작업은 매우 중요하다. 그다음에 필요한 것이 '경영학적' 접근일 것이다.

토종닭에 관한 연구의 역사는 꽤 오래전으로 거슬러올라간다.

일제강점기와 산업화 과정에서 잊혔던 토종닭이 다시 주목을 받은 시기는 1988년 무렵이었다. 당시 각 대학의 축산 전공 교수와 연구자들이 모여 토론을 하다가 '우리나라에 한우는 있는데 왜 토종닭은 없을까' 하는 의문을 제기했다. 당시 한국은 수입한 개량 육계 품종이 장악하여 토종닭이 멸종하다시피 한 상황이었다. 연구자들은 토종닭을 부활시키자는 큰뜻을 품고 팀을 만들었다. 이것이 토종닭 부활 프로젝트의 출발점이었다.

그러나 토종닭 부활 프로젝트는 처음부터 난항을 겪었다.

팀원 가운데 토종닭이 어떻게 생겼는지, 어디를 가야 볼 수 있는지 아는 사람이 없었던 것이다. 그러던 중 누군가 기막힌 아이디어를 꺼냈다. 옛 민화 속 닭을 보면 이 땅에 살았던 토종닭의 조상을 알 수 있을 것이란 발상이었다. 아주 틀린 말은 아닌 것이, 민화는 조선 사회에 널리 퍼져 있었다. 당시 양반집 자제라면 누구나 벼슬 지내길 원했고, 그 때문에 양반들은 아들의 방에 닭 그림을 많이 걸어두었다. 수탉 머리의 '벼슬'을 보며 정진하라는 의미였을까? 여하간 닭이 그려진 민화들을 있는 대로 조사해보니 유사한 패턴이 서너 가지 정도 나왔다. 그 패턴을 단초 삼아 프로젝트 팀은 대한민국 방방곡곡을 찾아 헤매기 시작했다. 민화 속에 나타난 조선시대의 닭과 똑 닮은 닭을 찾아 나선 것이다.

민화 속 토종닭과 비슷한 닭들은 주로 강원도 산속의 농가나 제주도에서 발견되었다. 외부로부터 고립된 도서산간 지역이 과거의 흔적을 지키고 있던 셈이랄까. 팀원들은 어렵게 만난 토종닭의 후손들을 모셔와 곧장 복원작업을 시작했다. 수년에 걸친 교배작업 끝에 2008년 프로젝트 팀은 오골계를 포함한 토종닭 다섯 종을 부활시키는 데 성공하는 쾌거를 이루었다.

우리 토종닭은 다행히 멸종의 위기는 넘겼다.
하지만 미래에는 어떻게 될지. 아이러니하게도
멸종을 막으려면 우리가 더 먹어야 한다.

그런데! 토종닭의 실종보다 더한 비극이 그들을 기다리고 있었다. 바로 전국을 휩쓴 조류독감 광풍이었다. 당시 복원된 토종닭 품종은 충청남도 성환에 위치한 농촌진흥청 산하 축산과학원의 연구시설에 보존되고 있었다. 그러나 한반도 남쪽에서 조류독감이 나타나 감염 지역이 북진하고 있었다. 연구진은 복원한 토종닭 품종을 지키기 위해 할 수 있는 조치를 다 하였으나 결국 조류독감에 노출되었고, 어렵게 되찾은 토종닭들은 안타깝게도 모조리 살처분당했다. 이 일은 그때 프로젝트에 참여했던 팀원들뿐만 아니라 토종닭에 기대를 품었던 모든 사람에게 씻을 수 없는 상처를 남겼다.

토종닭의 매력을 알리는 스토리를 발굴하라

우리 토종닭 품종을 찾아서 복원하고 고정한다고 한들, 생산자들이 사육하지 않으면 아무런 소용이 없다. 토종닭을 어떻게 보급할 것인가? 예전에는 정부가 생산자들에게 전달하고 보급하곤 했지만, 이제 이런 '지도'의 시대는 지나간 지 오래다. 그럼 어떻게 하면 될까? 경영학적 개념 중 하나인 풀 마케팅pull marketing 전략에서는 이렇게 접근한다. 생산자에게 토종닭을 생산하라고 설득하지 않는다. 대신 소비자를 설득한다. 소비자들에게 토종닭의 가치를 제대로 전달하여 그들이 토종닭을 원하게 만드는 것이다. 나는 토종닭이 먹고 싶다. 토종닭아, 어디에 있니? 이렇게 소비자들이 찾기 시작하면 생산자들은 자연히 토종닭을 기르고 판매한다.

그렇다. 우리 푸드비즈랩은 방향을 이렇게 잡았다. 그러려면 소비자들에게 매혹적인 상품이 필요했고, 소비자들에게 토종닭의 매력을 알릴 수 있는 스토리가 필요했다. 그래서 우리는 축산 연구진들에게 소비자들을 유혹하는 매력적인 토종닭 상품을 만들겠다, 토종닭에 관한 흥미로운 콘텐츠를 만들겠다고 선언했다. 축산 연구진들도 이러한 접근이 신선하다고 지지해주었다.

프랑스의 토종닭

일단 우리는 외국의 사례를 살펴봤다. 여러 나라 중 토종닭을 가장 잘 보존하고 홍보하는 곳이 어디인고 하니 바로 프랑스였다. 우리나라와 버금갈 정도로 많은 국민이 치킨을 즐기는 미국은 놀랍게도 토종닭이 아예 없었다. 유럽의 여러 나라에도 토종닭이 있지만 비율이 20퍼센트를 넘는 곳은 찾기가 어려웠다. 그런데 프랑스는 달랐다.

프랑스는 수탉le coq이 국가를 상징할 정도로 닭에 대한 애정이 남다르다. 그만큼 여러 지역이 다양한 닭들의 유전자를 보존하고 있으며, 유명 셰프들의 토종닭 요리 레시피와 레스토랑이 단단한 지지를 받고 있다. 우리는 프랑스 사람들이 어떻게 토종닭을 지켜왔고, 그 과정에서 셰프가 어떤 역할을 했는지 알고 싶었다. 쇠뿔도 나온 김에 당기랬다고, 푸드비즈랩은 직접 프랑스를 방문하기로 했다. 세계로 뻗어 나가는 푸드비즈랩!

우리는 2017년 뜨거운 여름날 프랑스를 찾았다. 알자스와 브레스, 드롬 지역의 토종닭 농가와 시장, 레스토랑 등을 방문했는데, 프랑스의 토종닭이 궁금해서 왔다고 하니 그쪽 사람들도 신기했는지 열과 성을 다해 설명해주었다. 토종닭을 아끼고 그 가치를 지키기 위해 많은 사람이 협력하는 문화를 어느 곳에서나 볼 수 있었다.

프랑스 전체 닭 소비 시장의 약 3분의 2는 일반 육계이고,

나머지 3분의 1을 채우는 것이 바로 토종닭이다. 선진국 중에서 토종닭을 가장 많이 먹는 나라가 프랑스다. 우리는 보통 토종닭이라 하면 밖에서 뛰어노는 닭 정도를 떠올리지만, 사실 토종닭은 육계와 종 자체가 다르다. 그렇다고 품종의 차이가 토종닭의 전부라고 받아들이면 곤란하다. 여기까지가 한국의 상황이고, 프랑스와 일본은 품종의 특성과 더불어 어떻게 자랐는지를 뜻하는 '환경적 요소'도 토종닭의 중요한 특성이자 가치로 여긴다. 이 때문에 토종닭 품종이라도 일반 계사 안에서만 사육했다면 그 닭은 토종닭으로 인정받지 못한다.

프랑스에서는 토종닭을 풀레 페르미에poulet fermier라고 부르는데, '풀레'는 닭을 뜻하고 '페르미에'는 농장을 뜻한다. 직역하면 '농장 닭' 정도가 된다. 이름에서부터 자연 속에서 마음껏 뛰어놀고 곡물과 풀을 쪼아 먹어야 토종닭이 될 수 있다는 프랑스의 전통이 묻어 있다. 실제로 농가를 방문해보니 많은 닭이 넓은 초원의 나무 그늘 아래에서 느긋하게 쉬고 있었다. 축사도 일반 양계장과 달리 쾌적한 공간을 확보하고 있었으며, 짚을 높게 쌓아 닭들이 활발하게 움직일 수 있도록 배려하고 있었다.

알자스와 브레스, 드롬의 토종닭은 지역마다 품종도 다르고 법 규정도 조금씩 달랐지만, 병아리 시절이 지나면 낮 시간대에 야외에 풀어놓아야 하고, 곡물과 풀을 쪼아 먹을 수 있는 환경을 보장해야 하며, 무엇보다 오래 길러야 한다는 내용은 어딜 가나 똑같았다. 최소 80일 이상을 이렇게 사육해야 비로소 '풀레 페르미에'의 자격을 얻는다.

현장 관계자들과 이야기 나누며 가장 흥미로웠던 지점은 토종닭 농가와 소비자 사이에서 가교 역할을 하는 셰프들이었다. 소비자의 마음을 움직이는 것은 이제 생산자가 아니라 셰프라는 사실을 일찌감치 간파한 프랑스 당국은 이들의 역할을 적극 활용한다. 이를테면 프랑스 토종닭을 대표하는 지역인 브레스의 브레스 가금류 위원회Comité Interprofessionnel de la Volaille de Bresse 회장을 맡고 있는 조르주 블랑이 오래전부터 미슐랭 가이드의 선택을 받은 유명 셰프란 점만 봐도 그렇다. 조르주 블랑은 토종닭을 이용한 레시피를 개발하고 그 요리를 먹을 수 있는 레스토랑을 운영하며, 전 세계에 브레스 토종닭을 홍보하고 있다. 그 결과 브레스 토종닭은 자존심 경쟁이 심한 프랑스 시장에서는 물론이거니와 세계에서도 가장 비싸게 거래되고 있다.

조르주 블랑 이전에 '토종닭 알림이'로 나선 또 다른 셰프가 폴 보퀴즈다. 그의 이름을 딴 레스토랑은 1964년 미슐랭 가이드의 레스토랑 평가에서 별 세 개를 받은 이후 정통 프렌치 음식을 상징하는 세계 최고의 레스토랑 중 하나가 되었다. 폴 보퀴즈는 가장 먼저 '브레스 토종닭'을 메뉴 이름으로 사용한 셰프다. 해외에서도 명망이 높은 그는 직접 브레스 토종닭을 재료로 요리하며 프랑스의 식재료와 고유 요리를 알렸다. 그가 2018년 92세의 나이로 타계한 후에는 조르주 블랑이 뒤를 이어 브레스 토종닭의 수호자가 되었다.

이렇듯 브레스 토종닭의 홍보와 마케팅의 중심에는 셰프가 있다. 브레스 인근 지역사회에서도 매년 가장 품질이 뛰어난 토종닭을 선정하는 품평회인 글로리우즈 드 브레스Les Glorieuses de Bresse, 브레스의 영예 콩쿠르를 개최하는 등 셰프들의 노력에 호응하며 함께 노력하고 있다. 나는 브레스의 토종닭 생산자들과 많은 대화를 나누었는데, 이들은 폴 보퀴즈와 조르주 블랑에 대한 존경심이 깊었다.

셰프와 생산자의 협업이 프랑스 토종닭의 가치를 끌어올리고 있음을 분명히 확인할 수 있었다. 전설적인 명성을 지닌 셰프들이 책임의식을 갖고 자신이 사는 지역의 식재료를 홍보하는 노력은 우리에게 큰 감명을 주었다. 셰프들의 토종닭

요리를 맛본 소비자들은 장을 볼 때 저렴한 일반 육계를 사는 것이 아니라 오래 기른 이 지역의 토종닭을 산다. 그러면 더 많은 생산자들이 토종닭을 사육하게 된다. 이것이야말로 가장 세련된 풀 마케팅의 사례다.

한국의 셰프와 함께하는 토종닭

프랑스 견학을 마치고 돌아온 우리는 프로젝트에 관심을 가질 만한 셰프들과 접촉했다. 그 가운데 한국에서 혁신적 요리를 선보이는 류태환 셰프와 협업하여, 그의 레스토랑 류니끄에서 다양한 토종닭 요리를 개발하여 선보이는 데까지 나아갔다.

또한 여러 한식 전문식당과 협력하여 토종닭을 활용한 다양한 요리를 시즌 특선 메뉴로 제공하고, 오리 전문회사 다향과 협력하여 진공 포장한 토종닭 스테이크 제품을 몇 차례 마트에 출시했다. 아직 폭발적인 성과가 나오진 않고 있지만 우리는 계속 소비자들에게 가치 제안을 하고 있다. 여기서 끝이 아니다. 우리는 이어서 토종닭을 숯불구이용으로 발골 가공

하여 삼겹살집에서 별미로 구워 먹을 수 있는 메뉴를 개발할
예정이다.

토종닭의 가치를 알리는 콘텐츠

닭을 품종의 구분 없이 하나의 '일상재'로 취급하면 '어차
피 닭은 다 거기서 거기'라는 인식만 남고, 생산자로 하여금
'어떻게 하면 더 좋은 닭을 기를 것인가'를 고민하기보다 '어
떻게 하면 닭을 생산하는 데 드는 비용을 줄일 수 있을까'에
만 초점을 맞추도록 만든다. 시간이 갈수록 생산자는 계속 비
용을 줄여야 한다는 압박에 시달리고, 닭은 공산품처럼 다뤄
진다. 빨리 키워서 '납품'하는 데만 혈안이 되면 결국은 규모
가 큰 농장과 대형 도계장들만 살아남을 것이다. 규모의 경제
만이 유일한 작동 원리로 굴러가는 이 구조를 깨기 위해서라
도 우리는 결이 완전히 다른 토종닭의 가치를 소비자들에게
알리고자 노력하고 있다.

우리는 토종닭의 다양한 가치를 소비자들에게 알리는 콘
텐츠도 만들고 있다. 인터넷 포털 사이트 네이버의 <토닭토

닭 식당> 채널tv.naver.com/gspchicken에 들어가면 다양한 토종 닭 레시피 영상이 준비되어 있다. 또한 유튜브에서 '위대한 계鷄발자'를 검색하면 푸드비즈랩과 히스토리 채널이 제작한 흥미로운 토종닭 관련 콘텐츠를 볼 수 있다. 많이들 봐주시고, 닭이 다 똑같은 닭이 아니란 걸 알아주시면 좋겠다. 아, MBC TV의 예능 프로그램 <마이 리틀 텔레비전> '치킨' 편에 내가 토종닭을 들고 나와서 방송국에서 난리가 난 적이 있다. 포털 사이트에서 '짤'들을 찾아보시길.

미식가를 위한 팁

사람들은 토종닭이 질기다는 이야기를 많이 합니다. 사실은 그렇지 않아요. 그럼 왜 토종닭은 질기다는 편견이 생기게 되었을까요? 잘 생각해보면 토종닭으로 해 먹는 음식의 특성과 관련 있습니다. 토종닭은 대부분 백숙으로 요리해 먹는데, 보통 오랫동안 푹 고아서 만듭니다. 그렇게 하면 가슴살의 수분과 향이 다 빠져나가고 식감이 퍽퍽해집니다. 그럼 부드러운 토종닭을 먹으려면 어떻게 해야 할까요?

토종닭을 삶을 때 일단 살짝만 익힌 후 닭을 건져내 뼈에서 살코기를 분리해냅니다. 익은 닭은 쉽게 살과 뼈가 분리됩니다. 살은 잠깐 따로 보관하고, 뼈만 다시 넣고 푹 고아냅니다. 토종닭 뼈에서 우러나오는 그것이 진국이죠. 그리고 충분히 육수가 우러나면 아까 건져놓은 살코기를 다시 육수에 집어넣고 조금만 더 끓여서 드시면 됩니다. 좀 귀찮을 수 있지만 국물도 훨씬 진해지고 살코기도 얼마나 야들야들하게요? 하지만 닭다리를 들고 뜯는 재미는 포기해야 합니다. 하나를 얻고 하나를 잃는 건데, 다음에는 야들야들한 살코기를 선택해보세요.

비즈니스를 위한 팁

사실 토종닭은 구워서 스테이크처럼 먹는 게 맛있습니다. 숯불에 구우면 더 맛있죠. 그러나 소비자들이 생닭을 사서 발골해 구워 먹기는 힘듭니다. 삼겹살집에서 부메뉴로 많이 파는 것 중 하나가 쇠고기 차돌박이인데요. 구이용 토종닭을 삼겹살집의 부메뉴로 넣으면 어떨까요? 삼겹살을 별로 좋아하지 않는데 회식 때 삼겹살집으로 끌려오는 분들도 많거든요. 그럼 담백하고 고소하고 찰진 구이용 토종닭을 주문하는 사람들이 꽤 생기지 않을까요?

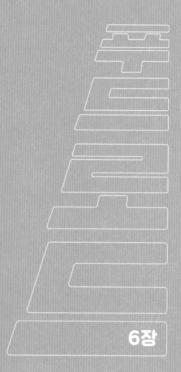

6장

식용색소를 위한 변명

창업 초기 2년 동안은 김치 시즈닝 한 제품만 파다 보니 맛의 차이도 못 찾겠고 문제점에만 집중하느라 한 치 앞도 못 나가고 있었다. 그때 트렌드를 포착하는 능력이 날카로운 푸드비즈랩이 재료와 비율을 조금씩 달리한 김치 시즈닝 세 종류의 블라인드 테스트를 제안했고, 이렇게 얻은 의견과 해결책으로 여러 국제 식품 박람회에서 상을 휩쓴 지금의 김치 시즈닝이 탄생했다.

안태양(푸드컬처랩 대표)

모든 직장인이 매일 매일 생각하지만 속 시원히 해결되지 않는 큰일 중 하나는 무엇일까? 그날의 점심 메뉴를 고르는 일이다. 나식신 씨도 출근길부터 그날의 점심을 고민하기 시작한다. 오늘도 밥때가 되자 나식신 씨는 동료들과 함께 점심 메뉴를 고민하며 발길을 옮기고 있었다. 마침 새로 개점한 식당이 눈에 띄어 한껏 기대를 품고 안으로 들어섰다. 조금 이른 시간이어서인지 나식신 씨 일행이 유일한 손님이었다. 식당에는 식욕을 자극하는 매콤하고 달콤한 향이 진동했다. 더욱 허기가 진 나식신 씨는 누구보다 먼저 메뉴판을 펼쳐봤다. 그러나 메뉴를 들여다보던 나식신 씨의 끓어오를 대로 오른 식욕은 반감되고 말았다. 왜?

작은 나라 네덜란드의 거대한 농산물 산업

나식신 씨 이야기는 잠시 미뤄두고 튤립과 풍차의 나라, 오
렌지색 유니폼을 입은 축구선수들이 토털 사커를 펼치는 나
라, 네덜란드로 잠시 시선을 옮겨보자. 안개 자욱한 암스테르
담과 불멸의 화가 빈센트 반 고흐의 나라로 우리에게 잘 알려
져 있는 네덜란드는 세계 최고 수준의 농산물 수출국으로도
명성이 자자하다. 세계지도를 들여다보면 독일과 프랑스라
는 거대한 나라들 사이에 끼어 있는 듯 보이는 작은 나라 네
덜란드가 미국 다음으로 많은 농산물을 전 세계에 수출하고
있다는 사실은 얼핏 이해하기 어렵다.

암스테르담 동남쪽에 있는 헬데를란트주 바게닝겐시는 인
구가 채 4만 명이 되지 않는 조용한 소도시다. 그러나 이곳에
는 농업·식품 분야에서 세계 최고인 바게닝겐대학교와 다양
한 연구소, 기업들이 자리 잡은 '푸드 밸리'가 조성되어 있다.
실리콘 밸리는 들어봤어도 푸드 밸리는 생소하다면 이제 기
억해두면 좋겠다. 네덜란드가 세계 농산물 산업의 강자로 군
림하는 이유는 바로 이 지역 덕분이니 말이다.

푸드 밸리에서도 대표적인 식품연구소인 니조식품연구소

NIZO Food Research Institute(이하 니조연구소)를 방문했을 때의 이야기다. 니조연구소는 세계 유수의 식품기업들의 의뢰를 받아 맛있고 건강한 식품을 개발하고 연구하는 곳이다. 우리가 방문한 날 마침 중요한 실험들이 진행되고 있었는데, 운 좋게도 음식의 맛을 판별하는 관능 전문 패널을 훈련하는 과정에 관한 실험에 참여할 수 있었다.

이 액체의 정체는?

실험 내용은 다음과 같았다. 후보 패널들이 나란히 앉은 테이블 위에 크림처럼 질감이 조금 묽은 빨간 액체와 파란 액체가 놓여 있다. 파란 약을 먹으면 믿고 싶은 것을 믿게 되지만 빨간 약을 먹으면 이 세계의 진실을 알게 된다는 이야기가 나오는 영화 <매트릭스>가 떠오르는 독자도 있겠지만, 이 실험의 목적은 빨간 액체를 맛보고 거기서 나는 향flavour이 무엇인지를 맞히는 것이었다.

나도 작은 플라스틱 컵에 담긴 빨간 액체를 한 모금 입에 넣어봤다. 맛과 미끈거리는 식감으로 미루어 액체가 요거트

딸기? 포도?

라는 사실은 바로 알 수 있었다. 하지만 중요한 것은 향이었다. 입안에 맴도는 이 향이 무엇이더라? 익숙했지만 어떤 향인지는 확신이 서지 않았다. 길에서 마주친 사람이 분명히 옛 친구인데 이름이 떠오르지 않을 때와 비슷한 답답함이 뒤따랐다. 그 자리에 있는 15명가량의 패널 후보들 모두 비슷한 안타까움을 토로했다. 나, 이거 알아. 정말이야. 안다니까! 기다려봐!

어느 금발 여성이 "스트로베리?"라고 말했다. 목소리는 실수로 새어 나온 것처럼 자신감이라고는 전혀 없었다. 실험을 주관한 과학자는 모범적인 오답을 제시해준 금발 여성이 고맙다는 듯 부드러운 미소를 지으며 고개를 저었다. 곧 이어 다른 여성이 "라즈베리!"라고 외쳤지만 결과는 다르지 않았다. 그 실망에 가득 찬 얼굴이란. 기분 탓인지 모두의 표정이 한층 더 진지해졌다. 슬슬 오기가 발동한 것이다.

나는 다시 빨간 액체를 한 모금 떠먹었다. 역시 익숙한 향이었다. 그래, 이건 그러니까 그건데, 분명히 그거라는 생각이 들었지만 도무지 그게 뭔지 떠오르질 않았다. 그때 머릿속을 관통하고 지나가는 바가 있었다. 여기엔 속임수가 있다. 그래서 나는 눈을 감았고 다시 그 액체를 맛보았다. 눈을 감은 채 이 향을 경험한 시점을 떠올리려고 했다. '무엇'이 아니라 '어떤 상황'으로 방향을 전환했다. 나는 오래 지나지 않아 향의 정체를 알 수 있었다. 머릿속에서 언젠가 페리에를 마셨을 때 이와 같은 향을 경험했던 기억이 되살아난 것이다. 눈을 뜨고는 조용히 손을 들었다. 과학자가 나를 바라봤고, 어디 무슨 대답을 하는지 들어나 보자는 표정을 지었다.

"이건 라임 향 아닙니까?"

그 과학자는 부드럽게 웃었다.

"정답과 근접했지만 아쉽게도 틀렸습니다. 여러분이 맛본 빨간 액체는 레몬 향이 나는 음료입니다."

그래도 이 답변은 15명의 패널이 제시한 답 중에서는 정답에 가장 가까웠다.

색깔과 맛이 일으키는 대혼돈

니조연구소에서 진행한 이 실험의 목적은, 우리가 식품을 섭취할 때 받아들이는 시각 정보와 혀와 코에서 오는 미각과 후각 정보가 불일치할 때 발생하는 혼란을 살펴보는 것이었다. 그 불일치는 어떻게 일어나는 걸까? 상상해보자. 눈앞에 빨간색 음료가 있다. 당신은 음료에서 어떤 향이 날 것이라고 상상할까? 정답. 딸기 향. 주황색 음료가 있다면? 오렌지 향. 보라색 음료는? 포도 향. 무슨 이야기를 하고 싶은지 이만하면 눈치 챘을 것이다.

사람들은 오랫동안의 경험과 학습을 통해 특정한 색이 특정한 맛이나 효과를 발휘할 것이라고 예측하는 경향이 있다. 그런데 그 예측이 어긋나면 혼란을 일으킨다. 사람들의 이러한 습성을 존 리들리 스트루프John Ridley Stroop라는 미국 심리학자가 실험을 통해 밝혀내고 스트루프 효과Stroop effect라고 이름 붙였다. '검정'이라는 글자가 '검정색'으로 쓰여 있다면 인식하는 데 장애가 없지만 '검정'이라는 글자가 '붉은색'으로 쓰여 있으면 글자의 의미를 올바르게 인식하기 전에 멈칫한다. 경험이나 학습을 통해 너무나 당연하게 받아들여온 정보에 변형이 가해져 전달되면 이를 제대로 인식하기까지 혼란이 일어나고 시간이 지체된다.

니조연구소에서 진행한 실험은 이러한 이론에 기초해 우리의 습성을 연구하는 것이 목적이었다. 참가자들은 레몬 향이 나는 음료를 마셨음에도 빨간색이라는 시각적 정보의 영향을 받아 쉽게 향을 알아차리지 못했다. 분명히 아는 향인데 혼란스러웠던 것이다. 내가 그 순간에 눈을 감은 이유는 바로 그 때문이었다. 혀와 코와 눈이 어울리지 못하고 힘겨루기를 하니, 문제 해결에 방해가 되는 정보를 차단하는 방법을 썼던 것이다. 시각 정보를 차단해버린다. 그리고 생각을 향에 집중하고 이 향을 어떤 상황에서 느꼈는지 떠올린다. 그제야 '향'이 '향'으로 온전하게 스스로 드러났다.

맛과 향은 다르다

이야기가 나온 김에 식품에 관해 표기할 때 딸기나 사과의 경우 딸기 '맛'이나 사과 '맛' 대신 딸기 '향', 사과 '향'이라고 표기하는 이유를 이야기해야겠다. 그 이유는 엄밀한 의미에서 맛과 향은 분명히 구분되기 때문이다. 인간의 혀가 구분할 수 있는 맛은 단맛, 짠맛, 쓴맛, 신맛, 감칠맛 다섯 가지가 전부다(최근에 금속 맛, 깊은 맛 등의 새로운 맛들이 발견되기도 했다). 그럼 우리가 분명히 느끼는 딸기 맛, 사과 맛, 포도 맛의 정체는? 실은 사과 맛, 딸기 맛, 포도 맛은 존재하지 않는다. 사과 향, 딸기 향, 포도 향이라고 해야 정확하다. 외부에서 직접 코로 들어오는 향은 얼마 되지 않는다. 입안에서 씹었을 때 조직이 깨지면 그 복잡한 향미 물질들이 입 뒤편에서 코로 올라오면서 향을 느끼게 되는데, 이게 훨씬 더 강렬하다. 그래서 우리는 향을 향이 아니라 맛이라고 인지하기도 한다. 우리가 맛이라고 생각하는 많은 것이 사실은 혀를 통해 느끼는 맛이 아니라 코를 통해 느끼는 향이다. 감기에라도 걸려 냄새를 맡을 수 없게 되면 양파를 먹으면서도 사과를 먹는다고 착각할 수 있다. 설마 싶겠지만 농담이 아니다. 맛과 향은 비슷한 듯하면서도 분명히 다른 개념이다.

인간은 입보다 눈으로 먼저 먹는다

우리는 생활 속에서 이 둘을 구분해가며 음식을 즐기지 않는다. 앞에서 설명한 엄격한 분류를 일상생활에 기계적으로 무리하게 적용할 필요는 없다. 이 글에서도 편의상 향에 해당하는 부분을 맛으로 표기하고 있다. 다만 우리가 보통 맛이라고 칭하는 속성에 영향을 미치는 요소에는 여러 가지가 있다는 사실을 알아두면 좋겠다. 그 요소에는 시각적 요소도 포함된다. 앞의 실험이 보여주듯이 어떤 의미에서 우리는 늘 입보다 눈으로 먼저 먹는다고 할 수도 있다.

니조연구소에서 진행한 앞의 실험이 관능실험이다. 관능官能이라고 하면 꽤 많은 사람이 엉뚱하게 성적인 뉘앙스를 떠올린다. 이 용어와 그 용어(?)는 한자 표현까지 같지만 학계에서는 엄밀하게 다른 의미로 사용한다. 학계에서는 감각 기관에 관한 반응을 주제로 하는 실험을 관능실험이라고 한다. 즉 맛, 색, 향, 촉감 등에 관한 테스트다. 과자를 씹을 때 듣기 좋은 소리가 나도록 만든다거나, 손으로 물건을 집었을 때 전해지는 무게와 질감 등을 공학적 관점에서 접근하기 위해 하는 실험도 관능실험에 포함된다. 우리 푸드비즈랩에서도 자주 하는 실험이고, 니조연구소처럼 시각 정보가 맛의 선호도에 미치는 영향을 알아보기 위해 관능실험을 진행한 적도 있다.

2013년 대한상공회의소가 주부 500명을 대상으로 '식품 안전에 대한 소비자 인식'을 조사한 결과에 따르면 39.2퍼센트의 응답자가 먹을거리에 불안감을 느낀다고 대답했다. 응답자들 중 절반 이상이 먹을거리에 불안감을 느끼는 이유로

'원산지, 유통기한 위장·허위 표시'와 식품에 들어가는 '첨가물과 착색료'를 꼽았다. 식품업체에서 실제로 어느 정도 원산지나 유통기한을 위장하거나 허위로 표시하는지(혹은 그렇지 않은지)는 이 자리에서 논할 문제가 아니지만, 만약 실제로 그러한 행위가 일어난다면 소비자들 입장에서는 문제 삼을 수밖에 없다.

식품에 식용색소가 들어가는 이유

그런데 식품에 들어가는 첨가물과 착색료의 경우는 사안이 조금 다르다고 할 수 있다. 식품의약품안전처의 허가를 받지 않은 첨가물이나 착색료가 식품에 포함되거나 허용치 이상 첨가됐다면 당연히 불법이지만, 실제로는 그렇지 않은데도 소비자가 불안감을 느낄 때가 많다.

시중에서 판매되는 수많은 식품에는 대개 식용색소가 첨가된다. 대부분 매우 적게 첨가되므로 인체에 무해하지만, 웰빙 문화가 널리 퍼지고 건강에 관심을 갖는 사람들이 많아지면서 소비자들이 식품에 들어가는 모든 화학첨가물을 꺼리는 경향이 강해지고 있다. 건강한 식습관으로 건강한 신체를 유지하고 싶은 욕구는 보편적 욕구이니 설명이 더 필요 없다. 그런데 식용색소는 말 그대로 음식물에 색을 더할 뿐 맛을 더하는 것도 아니고 건강에 도움이 되는 것도 아닌데 왜 굳이 그 수많은 식품에 들어가는 걸까?

니조연구소의 실험에서 본 것처럼 사람들은 딸기 음료를 마실 때 딸기 향과 함께 색이 빨개야 혼란스러워하지 않는다. 바나나는 원래 하얗지만 바나나 음료는 노란색이어야 사람들이 더 만족한다. 왜인지 모르겠지만 우리는 사과 음료는 초록색이어야 한다고 학습해왔다. 그렇지 않으면 어색해한다. 그래서 식용색소를 첨가한다. 물론 딸기 음료를 만들 때 더 진한 빨간색을 내기 위해 더 많은 딸기를 갈아 넣을 수도 있다. 그러면 색은 더 빨갛게 되지만 맛이 더 시큼해지니 설탕을 더 넣어야 하고, 가격이 올라간다. 가격이 비싸면 소비자들은 외면한다. 그래서 가장 저렴한 해결책이 식용색소를 첨가하는 것이다.

새로운 관능실험

  그럼 어떻게 하면 소비자들에게 제대로 된 딸기 향과 딸기 색을 음료에 담아 전할 수 있을까? 혹시 음료에 색소를 첨가하지 않아도, 병 색깔만 빨개도 소비자들이 충분히 만족하진 않을까? 우리는 질문에 대한 답을 구하기 위해 실험을 계획했다. 실험 방법은 간단하다. 아래의 세 가지 실험물을 준비하고 사람들을 대상으로 관능실험을 한 후 만족도를 살펴보는 것이었다.

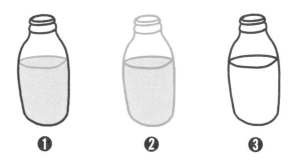

1번 음료 빨간 색소가 첨가된 딸기 향 음료가 투명한 병에 담겨 있다.
2번 음료 색소가 첨가되지 않은 무색의 딸기 향 음료가 빨간 병에 담겨 있다.
3번 음료 색소가 첨가되지 않은 무색의 딸기 향 음료가 투명한 병에 담겨 있다.

색소를 첨가했는지 안 했는지의 유무가 소비자의 선호도에 아무 영향을 미치지 않는다면 음료를 만드는 기업이 제품에 식용색소를 첨가할 이유가 없을 것이다. 그러나 색소 첨가 여부가 실험 참가자들의 선호도에 영향을 미친다면 식용색소가 왜 사용되는지, 적어도 우리가 납득할 만한 이유를 알 수 있다. 그런데 색소를 반드시 음료에 넣어야 할까, 아니면 병 색이나 병 포장지 색만 바꾸어도 될까? 실험해보면 알게 될 것이다.

세상에서 유일한 딸기 향 음료

실험 계획과 방법이 간단명료하다고 해서 진행 과정도 간단하고 명료한 것은 아니다. 무엇보다 우리는 실험 조건을 충족할 만한 음료를 시중에서 구할 수 없었다. 그래서 조건에 부합하는 음료 제조를 제조업체에 의뢰하려고 했으나 비용의 벽에 부딪혀 포기하고 말았다. 음료회사에서 음료를 제조하기 위해 공장을 한 번 돌리면 최소한 수천 병 이상이 쏟아져 나오기 때문이다. 그리하여 결국 실험에 사용할 음료를 직접 만들기로 결정했다. 크게 어려운 일은 아닐 거라고 생각했다. 우린 용감했다. 왜냐면 음료 제조에 대해서는 아는 것이 없었기 때문이다.

당시 이 프로젝트를 맡았던 조종표 연구원은 졸지에 음료 제조까지 하게 되었다. 사과로 실험할 때는 먼저 사과나무를 심고 사과가 열릴 때까지 기른 후 수확해서 실험하는 푸드비즈랩으로선 당연한 일이었다(믿거나 말거나). 그가 제일 먼저 해야 했던 것은 국내에서 제조되고 판매되는 모든 딸기 향 음료를 마셔보는 것이었다. 음료 제조의 노하우는커녕 기초적인 기술조차 없는 우리로서는 수많은 음료의 맛을 파악하는 것부터 성실하게 시작할 수밖에 없었다. 다시 한 번 말하지만 우리 랩의 이름은 '푸드프로덕션랩'이 아니라 '푸드비즈랩'이다. 우리의 주 임무는 음식의 가치를 발굴하고 가치를 전달하는 것이다.

어렵지 않을 거라고 자신했던 조종표 연구원의 얼굴은 나날이 어두워져갔다. 그러다 드디어 딸기 향 음료를 완성했다며 모처럼 기쁜 얼굴로 나타났다. 그의 딸기 향 음료는 보기에는 그럴싸했고 향도 나쁘지 않았다. 그의 상기된 표정을 보니 어쩐지 맛있을 것만 같았다. 세상에서 유일한 '우리만의 딸기 향 음료'라는 감동마저 밀려왔다.

그러나 지도교수인 나의 입에 들어온 그 음료의 맛은 마치 바그너의 <트리스탄과 이졸데> 1막에 나오는 독배 속 음료 같았다. 물론 그 오페라에 나오는 음료는 실은 사랑의 묘약이 었으나 이를 독약으로 알고 마시는 트리스탄의 비장한 심정 이 분명 이랬을 것이다. 그 가공할 만한 음료를 입에 대자마 자 언어로 옮길 수 없는 충격적인 맛이 혀의 민감한 신경 곳 곳으로 퍼졌고, 나는 그 음료를 즉시 뱉어냈다. 펄펄 끓는 지 옥의 딸기 맛이 나는 음료로 지도교수 음독 살해에 실패한 조 종표 연구원의 얼굴에 깊은 그늘이 드리워졌다.

이후 얼마나 많은 시도와 실패가 이어졌는지 일일이 다 기 록할 수도 없다. 불굴의 조종표 연구원은 물과 레모네이드를 기본으로 딸기 합성 착향료와 과당을 넣어 마실 수 있을 만 한 음료를 만들기 위해 수없이 많은 실패를 반복했다. 비율을 1퍼센트씩 바꾸면서 만들고 또 만들었다. 당시 서울대학교 200동 상록관 8층의 복도는 조종표 연구원의 노력과 비례해 달콤한 딸기 냄새가 진동했다. 나를 비롯해 실험에 참가한 많 은 연구원이 끊임없이 맛을 보며 조언을 건넸다. 비로소 음료 라고 할 만한 음료가 완성되었을 때의 환희는 우리만의 몫으

딸기, 딸기, 딸기, 딸기, 딸기…

로 남겨두겠다. '푸드비즈랩표 딸기 향 음료 by 조종표'는 이와 같은 우여곡절 끝에 완성됐다.

음료가 완성된 덕분에 우리는 다음 단계로 넘어갈 수 있었다. 완성된 음료의 3분의 1은 색소를 첨가하여 투명한 병에 담았고, 그다음 3분의 1은 무색의 음료를 빨간 병에 담았으며, 나머지 3분의 1은 역시 무색의 음료로 투명한 병에 담아 실험을 준비했다. 우리는 이 세 음료 가운데 하나를 실험 참가자들에게 제공했다. 그리고 참가자들에게는 이 실험이 신제품 출시를 앞두고 사전 시장조사를 위해 시행하는 시음 조사라고 말했다. 우리는 음료의 종류에 따라 참가자들의 반응에도 차이가 있을 거라는 가설을 세웠다. 그래서 실험에 사용한 음료를 소개할 때 한 그룹에는 가볍게 마시는 일반 청량음료로 제조했다고 소개하고, 또 다른 그룹에는 비타민 워터 같은 건강 기능성 음료로 제조했다고 다르게 소개하고 실험을 진행했다. 참가자들은 각각 자신에게 주어진 음료를 마신 뒤 우리가 마련한 설문지를 작성했다.

맛에 큰 영향을 주는 시각적 자극

실험은 나흘에 걸쳐 20대가 중심인 300명의 남녀 참가자들을 대상으로 총 여섯 종류(식용색소 첨가 여부와 음료 용기 차이에 따른 세 종류의 일반 음료, 그리고 세 종류의 건강 음료)의 각기 다른 음료에 대한 선호도 조사로 진행되었다. 설문지에는 실험 참가자들이 자신의 건강 상태를 얼마나 긍정적 혹은 부정적으로 인식하고 있는지를 묻는 항목도 포함시켰다. 자신의 건강 상태에 대한 인식이 실험결과에 유의미한 영향을 미칠 것이라고 예상했기 때문이다. 실험이 진행되는 동안 다행스럽게도 '푸드비즈랩표 딸기 향 음료 by 조종표'를 마시고 앉은 자리에서 구토하는 참가자는 나오지 않았다. 연구결과와 무관하게 이건 도저히 사람이 마실 만한 것이 아니라는 반응만큼은 나오지 않기를 바랐는데 성공한 셈이다. 조종표 연구원은 홀로 비법을 터득한 훌륭한 음료 제조자였던 것이다.

시각과 후각 정보의 불일치는 사람들의 선호도에 어떤 영향을 미쳤을까? 실험 참가자들은 청량음료와 기능성 음료의 두 경우 모두 다 식용색소가 첨가된 빨간색의 딸기 맛 음료와 빨간 병에 담은 무색 음료를, 투명한 병에 담은 무색의 딸기

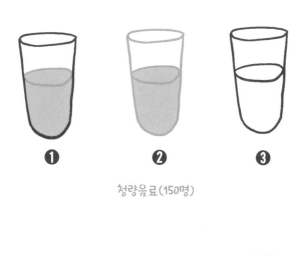

청량음료(150명)

기능성 음료(150명)

맛 음료보다 더 선호했다. 물처럼 무색인 음료에서 딸기 맛이 나는 경험과 딸기 색으로 보이는 딸기 맛 음료를 마시는 경험을 비교했을 때 전자를 덜 만족스러운 경험이라 판단한 것이다. 역시 시각적 자극은 맛에 대한 평가에 큰 영향을 미친다. 또한 자신의 건강을 긍정적으로 판단하는 참가자들, 즉 자신이 건강하다고 생각하는 참가자들일수록 식용색소가 첨가된 음료에 대한 만족도가 높았다. 식용색소 첨가가 음료의 불만족으로 이어질 만큼 신경 쓰이지 않은 셈이다.

자, 그렇다면 빨간 음료와 빨간 병의 대결에서는 어느 쪽이 우세했을까? 결과적으로 참가자들이 가장 선호한 조건은 빨간 병에 식용색소가 첨가되지 않은 음료였다. 굳이 식용색소를 첨가하지 않고 음료 용기에 색을 입히는 것만으로도 소비자들의 만족도를 이끌어낼 수 있다는 얘기다.

흥미로웠던 부분은, 투명한 병과 빨간 액체의 조합 음료를 기능성 음료로 알고 마신 그룹이 청량음료로 알고 마신 그룹에 비해 유독 강렬한 구매 욕구를 보였다는 점이다. 이유는? 글쎄. 통계는 이유까지는 말해주지 않는다. 다만 이 결과는 병에 입을 대고 음료를 마시도록 한 실험의 결과다. 음료를 투명한 컵에 따라 마셨다면 이야기가 달라졌을지도 모른다.

음식에 왜 식품첨가물을 사용하는 걸까

우리가 일상적으로 먹고 마시는 음식물에는 다양한 이유로 이런저런 식품첨가물들이 첨가된다. 식품첨가물 중 하나인 식용색소는 대개 맛깔스러워 보이기 위해 사용된다. 음식물이 입에 들어가기 전에 시선을 잡아 끌기 위해 쓰이는 것이다. 이렇듯 식용색소는 맛이나 건강에 아무 도움이 안 되는 것 같지만 실은 우리가 맛이라고 부르는 일종의 종합예술의 일부분을 완성하는 데 제 몫을 담당하고 있다. 실제로 사람들은 무색의 딸기 맛 음료보다 빨간 색의 딸기 맛 음료를 마실 때 더 만족감을 느낀다. 그것이 우리가 음식물을 대하는 보편적인 선호체계라고 할 때, 적어도 어떤 음식물에 식용색소가 첨가되는 데는 그럴 만한 이유가 있다고 말할 수밖에 없다.

실제로 식용으로 쓰이는 색소는 식품의약품안전처의 엄격한 기준에 따라 인체에 무해하다는 평가를 받아야 하고, 대개 지극히 적은 양만 사용되기 때문에 건강에 직접적인 영향을 미치기는 어렵다. 문제는 이따금 터져나오는 식품 제조사들의 부적절한 식품 제조 과정이 소비자들에게 충분한 신뢰를 주지 못하는 것이 아닐까.

그럼 이쯤 해서 앞에 나온 나식신 씨의 이야기가 궁금해지실 것이다. 나식신 씨의 식욕이 꺾인 이야기의 전말은 무엇이냐고? 그거야 창의적이지만 합리적이지는 않았던 식당 주인의 과욕 탓에 벌어진 일이었다. 밥알이 파란 오므라이스, 초록색 김치찌개, 시멘트를 발라놓은 듯한 돈가스 따위의 사진을 보고 허기가 달아나지 않을 사람이 얼마나 될까. 도대체 어떻게 그런 조리가 가능한지는 묻지 마시길. 이야기는, 나식신 씨와 일행이 결국 농락당했다는 듯이 불쾌한 얼굴로 자리를 박차고 나와 정처 없이 걸었다는 다소 싱거운 결말로 끝난다. 아! 음료 제조왕 조종표 군은 졸업 후 정부출연연구소에서 연구기획 업무를 수행하고 있는데, 이 연구 이후 음료는 더 이상 만들지 않는다고 한다.

미식가를 위한 팁

식용색소는 흔히 우려하는 것처럼 인체에 나쁘지 않습니다. 앞의 실험결과에도 나타났듯이 사람이 느끼는 맛에 대한 만족감은 시각적인 부분에서 오는 부분이 매우 큽니다. 또한 시각적인 부분에서 색이 차지하는 비중은 매우 크지요. 그리고 우리의 식품의약품안전처는 대한민국 국민의 건강을 위하여 식용색소를 매우 강력하게 규제하고 있습니다. 시중에서 판매되고 있는 식품들은 안심하고 드셔도 되니 색소에 대한 걱정은 크게하지 않으셔도 됩니다.

비즈니스를 위한 팁

앞의 연구결과에서 가장 중요한 부분은 음료에 대한 소비자의 만족은 미각과 후각뿐만 아니라 시각에서 오는 부분이 매우 크다는 점입니다. 음료뿐만 아니라 음식도 마찬가지입니다. 소스의 색이나 심지어 그릇의 색도 매우 중요한 요소로 작용합니다. 잘 생각해봐야 할 점은 색소는 비용으로 작용할 수 있다는 것입니다. 어쨌든 대부분의 소비자들은 색소에 대해 우려하는 경향이 있습니다. 그 색소 때문에 구매하지 않는 경우도 있으니 분명히 큰 비용이 맞습니다. 그렇다면 음식이나 음료에 색소를 더하는 것보다 포장이나 용기, 그릇 등에 적절한 색을 더하는 것은 어떨까요?

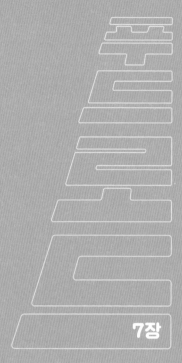

7장

식품성분표를 아시나요

스타트업 하면 한국에서는 여전히 IT 분야를 떠올리지만, 이미 미국에서는 대안 고기 업체인 비욘드 미트 등 여러 푸드테크 기업이 주식시장을 뒤흔들고 있다. 나는 전 세계 식품 관련 시장이 얼마나 빠르게 성장하며 주목받고 있는지 우리나라에 소개하는 것도 푸드비즈랩의 역할이라고 생각한다. 우리나라 식품 제조기업들에게 해외 진출은 숙명이기 때문이다. 해외 트렌드를 온몸으로 읽고 분석하는 푸드비즈랩의 더 적극적인 행보를 부탁드린다.

안태양(푸드컬처랩 대표)

마트나 편의점에서 파는 식음료들은 모두 포장이 되어 있다. 편의점에서 오렌지주스를 국자로 떠주진 않는다. 일부 환경론자들은 식음료의 포장재가 나중에 쓰레기가 되어 환경을 파괴한다고 주장하고 있다. 실제로 독일에는 포장하지 않고 식료품을 판매하는 곳도 생겼다고 한다.

　　포장재를 사용하지 않는 것이 친환경적일지도 모르겠다. 하지만 식품 포장은 중요한 역할을 한다. 포장이 없으면 음식은 빠르게 변질된다. 따라서 더 많은 음식물 쓰레기가 나오고, 장염과 식중독에 시달리는 환자의 수가 늘어난다. 배탈을 치료하기 위해 더 많은 약을 사 먹어야 하니 제약회사들은 더 많은 약을 만들어야 할 것이다. 이 정도면 식음료 포장지에 대한 비판은 제약회사의 음모 아닐까? (물론 농담이다.) 식품 포장의 또 다른 중요한 역할은 '정보 전달'이다. 포장지는 많은 정보를 담고 있다. 일부는 식품기업이 자의적으로 쓰지만, 많은 부분은 식품의약품안전처 등의 정부기관이 정한 바에 따라 식품기업이 표기한다. 이 부분에는 공익을 위해 표기하는 내용이 많다. 예컨대 성분표시나 첨가물 표시, 제조원 및 유통원, 유통기한, 알레르기 표시뿐만 아니라 다양한 인증표시 등이 그렇다. 가면 갈수록 표시 규정이 더 많아지고 복잡해지고 있다. 잘 읽지도 않는데, 이런 표시가 왜 필요할까? 진짜 공익적일까? 없으면 무슨 일이라도 날까?

가장 표준적인 식품성분표

좋아하는 음료수가 있다면 다음에 마실 때 음료수 용기를 잘 살펴보자. 옆을 보면 식품성분표가 있다. 이 성분표의 내용이 무엇인지, 사실 그대로인지 궁금한 적이 있었을 것이다. 그래도 가공식품은 뭔가 과학적으로 분석되어 있을 것 같다. 그런데 신선식품의 성분은 어떨까? 평소에 먹는 사과나 자

두, 빈대떡의 영양성분이 알고 싶어지는 경우가 있다. 이처럼 포장지가 없거나 포장지에 별다른 정보가 표기되지 않는 식품들의 영양성분을 연구하는 사람들이 있으니, 바로 농촌진흥청의 표준식품성분표 부서다. 이곳에서는 식품의 표본을 모아 '가장 표준적인 식품성분'을 도출해낸다.

요즘은 갈수록 이 연구결과를 활용하는 사람들이 많아지고 있다. 만약 아메리카노의 영양성분이 알고 싶다면 표준식품성분 데이터베이스에서 주요 성분부터 열량, 당 함량 등의 정보를 확인할 수 있다. 다이어트에 대한 관심이 부쩍 높아지면서 자연스레 '내가 먹는 음식에 당이 얼마나 들어갔는지 알고 싶다'는 사람들도 늘었다. 무엇보다도 학교나 단체에서 식단을 구성하는 영양사는 많은 사람이 섭취해야 할 영양소까지 고려해야 하기 때문에 표준식품성분표가 매우 중요하다. 이제 궁금해졌다고? 그럼 여기 koreanfood.rda.go.kr을 찾아보시라.

국가표준식품성분표는 농촌진흥청이 1970년부터 농·축·수산업 분야의 기초 자료를 축적하여 5년마다 한 번씩 발표하는 분석 데이터다. 가장 최근 발간된 제9개정판에는 22개 식품군으로 분류된 식품 3,000종의 각종 영양성분이 수록

되어 있는데, 이 방대한 데이터들은 농촌진흥청 사이트를 통해 무료로 제공된다. 한국인들이 주로 먹는 음식에 대한 영양정보 관련 데이터베이스라고 보면 된다. 심지어는 1+등급 거세한우 37개 부위에 대한 각각의 영양성분도 제시되어 있다. 요즘 앱스토어에서 쉽게 다운받을 수 있는, 하루 칼로리 섭취량을 알려주는 다이어트 앱들도 바로 이 식품성분표의 데이터를 기반으로 개발되었다.

이렇듯 표준식품성분표 연구는 알게 모르게 다양한 방면에서 활용되고 있건만 우리나라는 미국이나 유럽에 비해 그 관심과 지원이 미진한 것이 사실이다. 1890년부터 발표하기 시작한 미국 농업연구청USDA의 벨츠빌 인간영양연구센터 Beltsville Human Nutrition Research Center가 다루고 있는 식품 수가 8,789개, 미국보다 늦게 시작했지만 3만 5,651개의 식품 데이터베이스 자료를 보유하고 있는 유럽식품정보네트워크 The European Food Information Resource Network Project, EuroFIR와 비교하면 수치의 차이를 확인할 수 있다. 우리는 왜 이 정도까지 나아가지 못하고 있을까. 우리가 다른 나라에 비해 음식을 덜 다양하게 먹고 있어서 식품의 수가 3,000개뿐인 걸까? 뻔하지만 결국 예산이 문제다. 열악한 환경에서 고작 너덧 명의 영양학자들이 정말 열심히 연구하고 있다.

지금이라도 표준식품성분표 연구가 많은 사람의 관심을 받아 활성화될 수 있도록, 식품 영양성분 데이터베이스를 활용하면 어떤 공익적 가치가 있는지 살펴보자. 아니, 우리 푸드비즈랩이 그 공익적 가치를 살펴보았다. 언제나 그러하듯 몇 가지 흥미로운 실험을 통해.

정보가 있으면 사람은 좀 더 합리적으로 판단한다

우리가 첫 번째로 고안한 실험 방법은 다음과 같다. 일단 간단하게 시작했다. 먼저 실험 참여자들을 두 그룹으로 나누었다. 이후 몇 가지 음식을 제공하고, '여러분이 먹고 싶은 만큼 고르세요'라고 제안했다. 이때 A 그룹은 제공받은 음식 옆에 영양정보를 잘 보이도록 크게 표시했다. 거기에는 식품 100그램에 들어 있는 열량^{Kcal}, 수분^g, 단백질^g, 탄수화물^g, 칼슘^{mg}, 지질^g, 비타민 C^{mg}, 식이섬유^g 등 아홉 가지 영양정보가 적혀 있었다. 그리고 B 그룹은 음식만 제공받았다. 한쪽은 영양정보를 알고 있고 다른 한쪽은 영양정보를 모를 때 이들은 자신이 선택한 음식의 열량을 얼마로 추정할까? 그리고 이 정보가 음식을 구매할 때 영향을 미칠까?

우리는 식품성분표가 이러한 선택에 미치는 영향을 검증하기 위해 10대와 40대 사이의 남녀 참가자들을 대상으로 실험을 진행했다. 먹을 만큼 선택하게 한 후 당신이 집은 음식이 몇 칼로리 정도라고 생각하느냐고 물었다.

이 간단한 첫 번째 실험에서 재미있는 결과가 나왔다. 실험자들은 도넛, 사과, 라면, 식빵, 우유, 오렌지주스, 콜라 가운데 선택해야 했는데, 식품성분표를 통해 영양정보를 제공받은 그룹(A)이 그렇지 않은 그룹(B)보다 음식을 적게 집었다.

좀 더 자세히 확인해보자. 도넛의 칼로리를 추정할 때 A 그룹은 B 그룹보다 '도넛의 열량이 높다'고 판단했고, 이는 선택한 도넛 개수의 차이로 이어졌다. A 그룹이 B 그룹보다 도넛을 덜 섭취하려는 경향을 보인 것이다. 음식을 고르는 동안 도넛의 식품성분표에 노출되었던 A 그룹은 그렇지 않은 B 그룹보다 도넛 한 개당 100킬로칼로리 정도를 더 높게 추정했고, B 그룹에 비해 약 0.4개의 도넛을 덜 집었다.

한국인의 소울 푸드인 라면에 관해서도 비슷한 결과가 나왔다. 라면 또한 A 그룹은 B 그룹보다 더 높은 칼로리를 추정했고, 이는 역시 선택의 양에 영향을 주었다. 영양정보를 제공받아 라면의 성분을 확인한 그룹은 그렇지 않은 그룹보다 평균 0.7개를 덜 집는 경향을 보였다.

사람들은 자주 먹는 라면에 대해 실제보다 칼로리를 낮게 추정하려고 하지만 식품성분표에 기재된 실제 칼로리를 보곤 소비를 줄인다. 영양성분을 알면 알수록 덜 사게 된다는 결론이 나온 것이다. 뭔가 단것이 당기고 내 영혼의 고칼로리 음식이 먹고 싶다면 그 식품 포장지에 표기되어 있는 식품성분표를 한 번 더 읽어보라는 메시지를 던지는 결과일까? 그런데 몇 가지 반전의 결과들이 나왔다.

모든 식품이 동일한 결과로 이어진 것은 아니었다. 결과가 반대로 나온 경우가 있었다. 바로 사과였다. 영양정보를 제공받은 A 그룹은 생각했던 것보다 사과의 열량이 낮아 더 많은 사과를 구매하게 되었다고 답변했다. 실제로 A 그룹이 사과를 더 많이 집었다. 또한 A 그룹은 B 그룹에 비해 우유의 칼로리도 더 낮다고 판단했다. 그런데 우유의 경우 구매량에서 두 그룹 간에 유의미한 차이가 없었다. 애초에 우유는 칼슘이나 단백질 같은 이로운 영양소 때문에 마시는 거라서 열량을 크게 염두에 두지 않기 때문인 것은 아닐까? 먹는 즐거움을

맛있는 건 왜 열량이 높지?
혹시… 열량은 맛의 단위인가?

위해 찾는 도넛이나 라면과 달리 우유는 즐거움보다는 영양소 섭취의 측면도 고려하니 말이다.

정말 의외였던 것은 콜라다. 사람들은 대개 콜라가 건강에 나쁘니 먹으면 안 좋다고 생각하지만 성분표를 보면 생각보다 열량이 높지 않다는 사실을 깨닫는다. 실제로 콜라의 열량 추정 결과를 보니 영양성분을 제공받은 A 그룹은 캔당 223.6킬로칼로리로 답한 B 그룹보다 크게 낮은 164.1킬로칼로리로 판단했다. 그래서 A 그룹은 B 그룹보다 0.7개의 콜라를 더 집었다.

우리가 내린 첫 번째 실험의 결과는 이렇다. '정보가 있으면 사람은 좀 더 합리적으로 판단한다'는 것. 실험 전에 우린 사람들에게 식품성분표를 제시하면 더 건강한 식단을 고려한 구매에 나설 거라고 예상했다. 그런데 꼭 그렇진 않았다. 도넛과 라면에서는 그런 결과가 나왔지만, 콜라는 오히려 더 많이 집었다. 그리고 우유는 추정 열량의 높고 낮음과는 상관없는 선택 행동이 나타났다.

식품성분표와 소비자

일반적으로 소비자들은 합리적으로 소비했을 때 가장 큰 만족감을 느낀다. '합리적인 소비'는 제품의 가격과 자신의 소득, 그리고 해당 상품에 대한 정보를 충분히 고려한 가치평가 과정을 통과한 소비행위다. 식품 영양성분을 제공하면 소비자들이 식품의 가치를 영양성분 정보를 중심으로 평가하게 된다. 영양성분 정보를 기반으로 합리적 의사결정을 하는 것이다.

표준식품분석표는 특정 영양성분을 과잉 섭취하여 관련 질병의 유병률과 사망 확률이 높아질 가능성을 억제하는 데 큰 역할을 한다. 가까운 예로 나트륨 섭취량이 있다. 나트륨을 많이 섭취하면 고혈압 등 심혈관 질환으로 이어지기 쉽다. 이때 환자는 치료를 위해 외래진료비, 입원비, 교통비 등을 지출하게 되는데, 이러한 비용을 계산한 것이 '나트륨의 과다 섭취로 인한 질병 비용cost of illness, COI'이다. 나트륨 섭취량이 조금만 낮아져도 질병 비용이 적어질 수 있다는 가정 아래 진행한 연구도 있는데, 놀랍게도 식빵, 도넛, 라면 등에 들어가는 나트륨이 조금만 감소해도 다양한 항목의 질병 비용이 줄어든다는 사실을 확인했다.* 이렇듯 음식에 숨겨진 영양정보를 눈앞에 펼쳐 보이는 식품성분표는 개인의 건강뿐만 아니라 사회의 공익을 위해 다양한 방식으로 활용할 수 있다.

다시 '먹고 싶은 만큼 집어요' 실험으로 돌아가보자. 그 실험은 단일 품목의 음식 몇 개만으로 수행되었고, 그 실험만으로는 가설을 충분히 입증할 수 없었다. 그래서 우리는 현실성을 고려하기 위해 두 번째 실험을 진행했다. 질문의 요지는 이것이었다. 식품성분표와 영양정보가 소비자들의 구매 패턴에 영향을 줄까?

요즘은 물건을 살 때 인터넷 쇼핑몰을 이용하는 경우가 많다. 그런데 식품에 관한 영양정보를 제시하는 웹 사이트가 있는가 하면, 제대로 제시하지 않은 곳도 많다. 마트나 편의점에서 실물로 구매할 때는 제품을 집어 포장지를 살펴 영양정보를 확인할 수 있지만, 인터넷 쇼핑은 제품을 집어 들 수 없기 때문에 식품성분표를 보지도 못하고 구매하는 상황이 자주 발생한다. 포장지가 이렇게 중요합니다, 여러분!

---

* 이 분석은 푸드비즈랩이 주도적으로 한 것이 아니라 함께 작업한 농경제사회학부 김홍석 교수의 '지속가능한 개발 및 응용 경제학 랩'에서 했다. 우리 랩은 이런 경제적 파급효과 추정 같은 머리 아픈 계산에는 별 재능이 없다.

우리는 이 점에 주목하여 두 번째 실험인 '인터넷 구매 실험'을 설계했다. 방법은 이렇다. 온라인에서 식품을 구입할 수 있는 인터넷 쇼핑 사이트를 임의로 개설하는데, 실험이 시작되면 두 개의 사이트 중 하나가 무작위로 열린다. C 사이트는 제품을 클릭하면 제품의 자세한 사진과 가격, 그리고 식품성분표가 커다랗게 보이는 화면이 뜬다. D 사이트는 C 사이트와 모든 것이 같지만 식품성분표는 빠져 있다. 앞선 실험에서 A 그룹과 B 그룹으로 나눠 그 차이를 확인했던 일을 생각하면 이해가 쉽다. 우리는 실험 참가자들에게 '이번 주말에 당신 집에서 친구들이랑 작은 홈파티를 하는 데 필요한 식재료를 인터넷 쇼핑몰에서 구매하세요. 예산은 2만 원에서 2만 5,000원 이내입니다'라는 시나리오를 제시했다. 한쪽은 식품성분표를 볼 수 있고, 한쪽은 볼 수 없다. 식품성분표는 과연 구매에 영향을 줄까?

자, 이 실험을 하기 전에 푸드비즈랩에서는 어떤 대화가 오갔을까?

"소영아*, 우리 첫 번째 실험은 뭐랄까, 너무 간단하지 않았

---

* '현미 다이어트 연구의 적임자'였던 그 소영이가 맞다.

니? 좀 더 현실적으로 진짜 쇼핑하는 것 같은 실험을 해보자. 일단 간단한 쇼핑몰 하나 만들어볼까? 무슨 일이든 척척 해내는 소영아? 내가 봤을 때 이 실험은 네가 딱 적임자다."

"네, 교수님. 딱 일주일만 주세요."

그리하여 일주일 만에 '온라인 쇼핑 연구의 적임자' 소영이는 온라인 쇼핑몰을 뚝딱 만들어낸다. 그리고 즉시 실험에 돌입했다.

이 두 번째 실험은 이틀간 진행되었다. 예상했던 대로 제품을 클릭할 때 식품성분표가 함께 제시되는 C 쇼핑몰에서 구입한 식재료는 그렇지 않은 D 쇼핑몰보다 전체 구매한 식재료의 총 열량이 낮았다. 놀랍지 않은가? 모든 것이 다 똑같고, 단지 식품성분표가 제품 상세 페이지에 들어가 있거나 없거나의 차이뿐인데 그것만으로 구매한 식재료의 총 열량 자체가 줄어든다니!

왜 이런 결과가 나왔는지 궁금해서 실험 참가자들의 구매 데이터를 꼼꼼하게 들여다보았더니 재밌는 사실이 드러났다. 영양정보가 제공되면 사람들은 신선식품을 더 많이 구매한다는 것이었다. 신기했다. 만약 식품성분표 제공을 통해 신선식품 구매가 늘어난다면 식이섬유 섭취 부족으로 인한 현대인의 성인병이 조금 더 줄어들지 않을까? 웹사이트에서의 간단한 변화지만 그 효과는 놀랍다.

식품성분표는 이렇듯 질병으로 인한 사회적 비용을 줄일 수 있을 뿐만 아니라 개인의 건강관리를 위해 합리적인 의사결정을 할 수 있도록 근거를 제시해준다. 그 혜택은 비단 소비자만을 위한 것이 아니다. 식품성분표는 식품을 제조하는 기업의 입장에서도 활용 가능성이 크다. 건강을 위해 몸에 좋은 식품을 찾는 사람들이 늘면서 나트륨은 초미의 관심사가 되었다. 맛과 건강, 제조비용 모두를 고려해야 하는 생산자들은 식품성분표의 함유량 수치를 확인하면서 나트륨을 공장 제조 단계에서 저감하는 게 좋은지, 아니면 조리 단계에서 조절하는 게 좋은지 판단할 수 있게 된다. '어떡해야 비용을 줄이면서 나트륨을 저감할 수 있지?' 하는 질문에 대한 답을 영양정보에서 구하는 셈이다. 자, 이쯤이면 곳곳에서 그 역할을 다하고 있는 식품성분표가 다시 보이지 않는가?

미식가를 위한 팁

이 세상에 날 때부터 좋은 음식, 나쁜 음식은 없습니다. 적당히 조금 적게, 골고루, 그리고 즐겁게 먹는 것이 제일 중요합니다. 그런데 우리는 음식을 섭취하기 이전에 구매를 하기 마련이지요. 이때 중요한 것은 제품 뒷면 혹은 옆면의 성분표를 확인하는 것입니다. 칼로리가 높거나 나트륨 함량이 높은 음식은 조금 더 적게 먹으면 됩니다. 초콜릿 조금 먹는다고 건강이 나빠지진 않습니다. 조금 적게 먹으면 되지요. 영양성분표를 볼 때 조심해야 할 것은 성분표의 기준이 되는 1인분 또는 1회 제공량입니다. 음식마다 이 기준이 다르기 때문에 잘 보고 판단해야 합니다. 같은 초콜릿 카테고리라도 제품별로 1인분의 기준이 다를 수 있거든요. 그러나 음식을 먹을 때는 보통 하나만 먹는 것이 아니라 여러 음식을 함께 먹기 때문에 함께 먹을 때의 조합을 생각해야 합니다. 어렵죠? 그러면 결론은? 다시 처음으로 돌아가서, 적당히 조금 적게, 골고루, 그리고 즐겁게 먹는 것이 제일 중요합니다.

비즈니스를 위한 팁

앞의 실험에서 나타났듯이 식품성분표는 소비자의 구매행동에 큰 영향을 미칩니다. 가공식품의 경우 기본적으로 식품성분표 제시가 의무화되어 있습니다만, 신선식품은 그렇지 않지요. 그렇지만 온라인 판매 혹은 매대 판매에서 주요 성분을 제시해 구매에 긍정적인 영향을 미칠 가능성이 있다면 성분표 내용을 제시하는 것이 좋겠죠. 그런데 성분을 어떻게 알 수 있을까요? 농촌진흥청의 국가표준식품성분표 검색 사이트 koreanfood.rda.go.kr에 들어가시면 웬만한 신선식품들도 그 수치가 제시되어 있답니다. 비용요? 공짜입니다!

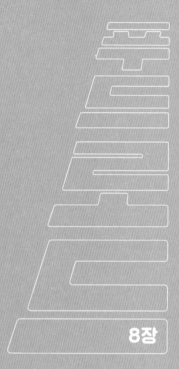

8장

팔리는 목소리, 뜨는 광고

푸드비즈랩은 새로운 길을 개척하는 실험적이고 모험적인 연구집단이다. '먹고 마시고 노는 비즈니스 연구'라는 슬로건답게, 농업과 식품 비즈니스 분야의 전형적인 연구 틀을 뛰어넘는다. 이들은 오직 소비자의 편익이라는 관점에서 '땅에서 입까지' 먹거리에 관한 모든 과정을 연구한다.

정재석(경희대학교 국제경영학과 교수)

어떤 목소리로 말하면 사람들을 잘 설득하고 유혹할 수 있을까? 이에 관한 논의는 정치와 마케팅 등 커뮤니케이션이 생명인 분야에서 줄기차게 이어지고 있다. 기억을 더듬어보자. 하루에도 여러 번씩 '돈 빌려가세요', '보험상품 드세요'라고 권유하는 전화가 오는데, 어떤 경우에는 목소리 자체에 끌려서 끊지 않고 좀 더 듣기도 하고(그러다가 실제로 넘어가기도 한다), 어떤 경우는 목소리 자체에서 신뢰가 느껴지지 않아서 빨리 끊은 적도 있을 것이다. 고급 식당에서 음식을 시킬 때도 비싼 메뉴를 고르도록 만드는 목소리가 있는가 하면, 어떤 목소리는 내 가슴속 깊이 묻어두었던 10대 시절의 반항심을 불러온다. 어떤 목소리가 물건을 잘 파는 목소리일까?

물건을 잘 파는 목소리는 따로 있다?

우리 푸드비즈랩도 이와 관련해 흥미를 품은 적이 있다. 그 일의 계기는 다음과 같다. 어느 날 거실 소파에 반쯤 누워 홈쇼핑 방송을 보는데, 한 여성 쇼핑 호스트가 소프라노 톤의 아주 높은 목소리 톤으로 말하고 있었다. 다른 홈쇼핑 채널로 돌려봤더니 그 채널의 여성 쇼핑 호스트는 지나치리만큼 차분하고 낮은 톤으로 말하고 있었다. 흥미로웠다. 그때부터 소파 아래에 정좌하고 본격적인 탐구 모드로 들어갔다. 또 다른 채널에서는 갈비탕을 팔고 있었는데 목소리가 낮긴 하지만 꽤 빠르다는 생각이 들었다. 그리고 또 채널을 돌렸더니, 앗! 저 쇼핑 호스트는 분명히 며칠 전에 쿵짝쿵짝 하는 시끄러운 음악과 함께 빠르고 높은 목소리로 물건을 팔았는데, 오늘은 차분하고 낮은 목소리로 보험을 팔고 있었다. 그녀에게 어떤 심경의 변화가 있었던 걸까? 누가 지시를 한 걸까? 쇼핑 호스트의 본능인가? 특정 상품에 특정 목소리를 내야 한다는 규정이라도 있을까? 신기했다. 우리는 신기하면 연구한다.

우리는 먼저 현직에서 활동하는 유명 쇼핑 호스트를 만나기로 했다. 만날 약속을 잡던 전화 속 목소리는 낮고 차분했지만 비교적 빨랐다. 그녀는 현재 임신 때문에 잠시 휴직 중이라고 했다. 우리는 홈쇼핑을 보며 경험했던 목소리의 높이와 속도에 대한 느낌을 이야기하고, 그것에 특별한 이유가 있는지 물었다. 그분은, 제품 콘셉트에 따라 세일즈를 빠르게 진행해야 하는 상품은 배경음악에 맞춰 리듬감을 유지하려다 보니 높은 톤, 빠른 템포로 말하게 된다고 대답했다. 물론 모든 상품이 그런 것은 아니다. 고가 제품은 아무래도 진중한 느낌을 주기 위해 목소리 톤을 낮추고 최대한 천천히 차근차근 설명한다고 했다.

아, 나름의 본능적 노하우가 있는 거구나. 우리는 세일즈와 목소리 톤의 연관성을 본격적으로 연구해야겠다고 결심했다. 식당에서 종업원이 손님에게 주문을 유도할 때 어떤 목소리로 임하면 세일즈에 유리할까? 사소하고 상관없는 부분 같지만 실제 구매에 밀접한 영향을 준다면 실험을 통해 확인할 필요가 있다. 아이디어를 착안한 계기가 홈쇼핑인 만큼 실험도 홈쇼핑 상황으로 꾸며 진행하기로 했다. 그런데 고민이 생겼다. 이미 방영된 실제 홈쇼핑 방송을 활용해서 실험할 것인가, 아니면 우리가 자체 홈쇼핑 방송을 만들 것인가를 결정해야 했다.

우리는 유기농 포도를 판매하는 홈쇼핑을 가정하고 '세일즈 멘트'를 읽는 목소리에 초점을 맞췄다. 때문에 실험에선 일반 가정에서 흔히 접하는 텔레비전 홈쇼핑 대신 영상을 빼고 내레이션만 흐르는 라디오 홈쇼핑으로 진행했다. 우리가 알고 싶은 것은 쇼핑 호스트의 목소리가 세일즈에 미치는 영향인데, 실제 방송에서는 다양한 시각적 자극이 제시된다. 이 외부 자극들은 실험 참가자에게 영향을 미쳐 쇼핑 호스트의 목소리에 대한 집중도를 떨어뜨릴 것이 분명했다. 그래서 우리는 홈쇼핑의 비주얼한 부분을 들어내고 라디오 홈쇼핑에 맞는 새로운 실험을 구성하기로 했다.

연구에서 가장 어려운 것이 바로 이런 부분이다. 흔히 내적 타당성과 외적 타당성의 문제라고 이야기한다. 실제 홈쇼핑 상황에 가장 알맞게 실험을 진행하려면 각 집에서 텔레비전을 켜고 홈쇼핑을 시청하게 하면서 구매 의향을 조사하는 편이 나을 것이다. 이렇게 실제 상황에 가장 가깝게 만드는 작업을 외적 타당성을 높인다고 한다. 그런데 각 가정의 텔레비전 볼륨이 다 다를 것이고, 텔레비전 화면의 사이즈도 다양할 테고, 어떤 사람은 누워서, 어떤 사람은 앉아서, 어떤 사람은 무언가를 먹으며, 어떤 사람은 팔굽혀펴기를 하면서 실험에 임할 것이다. 통제할 수 없는 요인이 너무나 많기 때문에 실제 우리가 가장 알고 싶은 '쇼핑 호스트의 목소리가 세일즈에 미치는 영향'을 순수하게 뽑아내는 데는 큰 장애가 생긴다. 즉 내적 타당성이 낮은 상황이 된다.

반대로 내적 타당성을 올리면 외적 타당성이 낮아진다. 참가자들을 실험실에 가두고 귀에 똑같은 헤드폰을 씌운 다음, 화면은 제거하고 목소리로만 홈쇼핑을 진행하는 것이 바로 그런 상황일 것이다. 이렇게 실험을 설계하면 '쇼핑 호스트의 목소리가 세일즈에 미치는 영향'을 순도 높게 뽑아낼 수 있다. 반면에 현실과는 다소 동떨어진 실험 환경에서 뽑아낸 결과이므로 현실에 그대로 적용하는 데는 문제가 생긴다. 내적 타당성이 올라간 대신 외적 타당성이 내려간 것이다. 실험을 할 때는 언제나 내적 타당성을 올릴 것인가, 외적 타당성을 올릴 것인가, 아니면 그 중간 어디쯤에서 타협할 것인가 하는 고민에 빠지게 된다. 내적 타당성과 외적 타당성은 언제나 반대로 움직인다. 이 실험의 경우 우리는 내적 타당성을 충분히 올리기로 결정했다.

목소리로 돈을 번다

우리가 설계한 실험은 다음과 같다. 똑같은 멘트를 네 명이 각각 다른 목소리 톤과 속도로 읽는다. 첫째는 톤이 높고 빠르게 읽는 목소리, 둘째는 톤이 높고 느리게 읽는 목소리, 셋째는 톤이 낮고 빠르게 읽는 목소리, 넷째는 톤이 낮고 느리게 읽는 목소리다. 멘트는 유기농 포도를 소개하는 쇼핑 호스트의 실제 내레이션 스크립트를 발췌해 실험용 녹음물로 활용했고, 실험 참가자들에게 이 네 가지 목소리 중 하나를 무작위로 들려준 후 구매 의사를 결정하도록 했다. 유기농 포도를 판매하는 쇼핑 호스트의 멘트는 다음과 같았다.

여러분, 안녕하세요. 오늘 진행을 맡게 된 오케이 홈쇼핑의 쇼핑 호스트 이수정입니다. 피로회복에 참 좋다고 알려진 포도. 포도 좋아하시는 분들 많으실 텐데요. 한번쯤 이런 걱정들 해보셨을 거라고 생각돼요. 포도 껍질에 있는 이 농약들이 내 몸속에 다 들어오는 것이 아닌가, 라는 걱정이죠. 이런 걱정 말끔히 해결해드리기 위해서 오늘 아랑 농원의 유기농 포도 준비했습니다. 요새 뭐, 유기농 좋다는 것은 남녀노소 누구나 다 잘 알고 계시잖아요. 추가적인 약품이나 농약을 사용

"포도가 왔습니다. 높고 빠른 포도, 높고 느린 포도,
낮고 빠른 포도, 낮고 느린 포도가 왔어요~."

하지 않고 재배했기 때문에 드셔보시면 자연 그대로의 싱싱함을 느끼실 수 있을 겁니다. 근데 유기농 포도라고 단맛이 적거나 알이 작으면 어떡하지, 라고 걱정하시는 고객님들이 간혹 계신데요, 전혀 걱정하실 필요가 없습니다. 오늘 소개해드린 이 제품, 유기농 포도만을 전문적으로 재배해온 농가에서 가져온 것이기 때문에 당도나 풍질에 대해서는 믿고 구매하셔도 될 것 같습니다. 벌써 400분 넘게 주문완료하셨거든요. 이 상품, 오늘만 특별 가격인 3만 3,000원에 준비했습니다. 서둘러 주문해주시구요. 자동 주문하시면 대기하실 필요가 없으니깐요. 자동 전화 꼭 부탁드리겠습니다. 고맙습니다.

본격적으로 실험을 준비하려는데 쉽지 않은 문제와 마주쳤다. 네 명의 서로 다른 목소리는 각각 특유의 음색과 발성이 있어서 톤의 높낮이와 말하는 속도 이외의 요인이 되어 구매 결정에 영향을 줄 수 있었다. 그러면 실험결과에 또 다른 변수들이 뒤섞이고, 순수한 결론을 내리기 힘들어진다. 그래서 결국 한 명이 네 번을 녹음하기로 했다.

"동민아, 그래도 네가 우리 랩에서 가장 정확한 발성으로 서울말을 쓰지 않니. 전에 보니까 연기도 잘하더라. 네가 목소리의 속도와 높이를 조정하면서 네 번을 녹음하는 거야."

내가 말을 걸어오면 연구원들은 '또 무슨 괴상한 일을 시키려나' 하는 얼굴로 경계를 한다. 이동민 연구원 역시 흠칫 놀라며 반문했다.

"예? 제가 무슨 연기를…."

"응. 그저께였나? 나한테 짜증내는 연기."

"그거, 연기 아닌데요?"

그리하여 우리 랩에서 가장 정확한 발성으로 서울말을 쓰며, 짜증내는 연기(?)까지 잘하는 것 같은 이동민 연구원이 똑같은 문장을 한 번은 높고 빠르게, 한 번은 높고 느리게, 그 다음은 낮고 빠르게, 또 낮고 느리게 억양과 호흡을 달리하여 유기농 포도를 판매하는 홈쇼핑 멘트를 네 번 녹음했다.

그런데 이제야말로 순조로울 줄 알았던 실험 준비는 또 한 번 난관에 부딪혔다. 녹음된 목소리를 들어보니 작위적인 느낌을 지울 수가 없었다. 의도적으로 목소리 톤과 속도를 조절하니 말 그대로 '발연기'가 되어버린 것이다. 우리는 이 문제를 해결하기 위해 위대한 IT 기술의 힘을 빌리기로 했다. 방법은 이렇다. 이동민 연구원이 자신의 목소리 그대로 쇼핑 호스트의 멘트를 녹음한 후 소프트웨어를 사용해 톤을 더 높이거나 낮추고, 또 속도를 좀 더 빨리하거나 늦추는 방식으로 조작했다. 이 결과물은 상당히 만족스러웠다. 주변 사람들에게 녹음 파일을 들려주었더니 이 목소리들의 주인공이 같은 사람임을 알아챈 사람이 아무도 없었다. 거꾸로 말하면 그 정도로 톤과 템포는 목소리 인지에 큰 영향을 줬다.

멘트의 길이는 대략 1분 10초에서 1분 20초였고, 우리는 실험 참여자들에게 하나의 목소리만을 들려주었다. 그리고 그들에게 얼마나 목소리가 매력적인지, 호감과 신뢰성이 있는지, 전문적으로 느껴지는지, 구매한다면 얼마나 살 것인지, 세일즈하는 상품의 가격은 얼마나 될 것 같은지 등을 물었다.

실험의 결과는 명확했다. 톤이 높고 느린 목소리는 다른 목소리보다 호감도와 신뢰도, 전문성이 높다는 응답 결과가 나타났다. 반대의 결과가 톤이 낮고 빠른 목소리였는데, 이것은 즉각 구매 의도에 영향을 끼쳤다. 높고 느린 목소리를 들은 소비자 그룹이 가장 많은 포도를 샀고, 낮고 빠른 목소리를 들은 소비자 그룹이 가장 저조한 구매율을 기록했다. 1회 구매 금액을 추정하면, 쇼핑 호스트의 목소리 톤이 높고 느린 경우(3만 1,880원)가 낮고 빠른 경우(2만 5,100원)보다 대략 6,780원 정도 더 높은 것으로 나타났다. 목소리로 돈을 더 번다는 놀라운 뉴스.

이미지가 부정적인 제품을 광고하면?

목소리가 소비자의 마음을 움직인다는 영향력을 확인한 우리는 곧장 다음 실험으로 넘어갔다. 사회적으로 논란이 되는 제품의 텔레비전 광고가 제품의 이미지 개선에 도움이 되는지를 검증하는 실험이었다. 경희대학교에서 국제마케팅을 가르치고 연구하는 정재석 교수는 평소에도 자주 아이디어를 주고받는 동료 연구자이자 우리 랩의 멘토인데, 하루는 텔레비전에서 대부업체의 광고(묻지도 따지지도 말고 돈 빌려가라)를 보고는 묘한 표정으로 말했다.

"저 배우는 이미지가 좋은데 왜 저런 광고에 출연했을까요?"

"뭐, 출연료를 많이 받았나 보지요."

"어휴, 단순히 돈 문제가 아닌걸요. 광고주의 목적은 배우에 대한 사회적 평판을 이용해 상품의 이미지를 쇄신하는 것이잖아요. 배우가 사회적으로 논란이 되는 상품을 홍보한다고 생각해보세요. 언제나 논쟁에 휩싸이는 건 광고에 출연하는 배우들이죠. 오히려 광고가 역으로 그 배우의 이미지를 망치는 거 아닐까요?"

정 교수의 말대로 자칫 광고가 상품뿐만 아니라 광고모델의 이미지에까지 영향을 줄 법도 했다. 실제로 그가 본 대부업체 광고의 모델은 평소 대쪽 같은 이미지로 노년층 사이에서 평판이 좋은 중년 배우였는데, 그 때문에 논란이 일기도 했다.

식품의 세계에서 이와 비슷한 사례가 바로 유전자변형생물Genetically Modified Organism, GMO 식품이다. GMO 식품에 대한 세간의 평판은 대체로 좋지 않다. 이 식품이 좋냐 나쁘냐는 결론은 여기서 내리지 않기로 하자. GMO는 기술이고, 모든 기술은 잘 활용하면 유익한 기술이 되고 잘못 활용하면 나쁜 결과를 초래할 수 있다. 아무튼 GMO 식품이 논란의 중심에 있는 건 부인할 수 없는 사실이다. 푸드비즈랩의 질문은 여기에서 시작된다. 만약 GMO 식품의 부정적인 이미지를 씻어내기 위해 광고를 제작하면 과연 효과가 있을까? 그리고 그 GMO 식품을 광고한 배우의 이미지는 어떻게 될까? 우린 바로 실험에 돌입했다.

유기농 파프리카와 GMO 파프리카

우리는 과거에 방영된 드라마들, 그 가운데서 드라마에 상품이 등장한 PPL 광고들을 주의 깊게 살펴보았다. 그렇게 해서 우리 눈에 띄게 된 드라마가 <내조의 여왕>이다. <내조의 여왕>을 보면 파프리카 생산자 자조회의 PPL 광고가 자주 등장한다. 아닌 게 아니라, <내조의 여왕>은 사실 파프리카의 여왕이 아닐까 싶을 만큼 알록달록한 채소들을 수시로 출연시켰다. 주인공을 맡은 배우 김남주 씨는 파프리카를 시도 때도 없이 먹었으며, 동네 사모님들의 얼굴엔 파프리카 팩이 붙어 있었다. 나중에는 서로 대화하다 눈이 마주치면 아무런 개연성 없이 파프리카를 씹어 먹을 정도였다. 그리고 한 회가 끝나면 정지 화면 위로 파프리카 생산자 자조회의 로고가 어김없이 떠올랐다. 과연 이런 식의 PPL이 정말 파프리카 홍보에 도움이 될까? 그리고 여기에 두 개의 가설이 더 붙는다. 만약 이 파프리카가 착한 이미지의 유기농 파프리카라면? 반대로 논란의 대상인 GMO 파프리카라면?

그리하여 우리는 <내조의 여왕>의 주인공 김남주 씨가 파프리카와 함께 등장하는 장면들을 발췌해서 실험해보기로 했다. 실험 참가자들을 두 그룹으로 나누었고, 4분여 길이의 영상을 똑같이 보여주었다. 차이가 있다면 한 그룹에게는 영상이 끝난 후 파프리카 생산자 자조회의 로고와 함께 파프리카가 유기농 파프리카라는 정보를 주었고, 다른 그룹에게는 같은 로고와 GMO 파프리카라는 정보를 주었다. 이 글을 읽은 독자 여러분은 걱정 마시라. 현재 대한민국에는 GMO 파프리카가 없으니 말이다.

영상을 본 실험 참가자들에게 소감을 물었더니 GMO 파프리카의 경우 PPL이 제품의 이미지를 향상시키는 효과는 거의 없었다. 오히려 주인공 김남주 씨의 이미지가 광고 이전보다 나빠지는 결과가 확인되었다. 괄목할 만한 변화는 유기농 파프리카에서 발견됐다. 이 그룹에서는 김남주 씨에 대한 이미지는 별다른 변화가 없었지만 광고 대상인 유기농 파프리카에 대한 관심과 인식은 엄청나게 상승한 것이다.

그리고 김남주 씨, 걱정하지 마세요. 실험이 끝난 후 실은 이 파프리카는 GMO도 아니고 유기농도 아닌 평범한 파프리카라는 사실을 실험 참여자들에게 수차례 설명해드리고, 김남주 씨가 분명 대한민국 최고의 배우라는 우리 랩의 견해도 전달했답니다.

팔리는 목소리는 있다!

실험을 통해 우리가 확인한 사실은 다음과 같다. 먼저 식품 광고에 관한 커뮤니케이션에는 제품마다 어울리는 목소리의 톤과 템포가 존재한다는 것이다. 물론 성급한 오해는 금물이다. '톤이 높고 천천히 말하는 목소리가 가장 설득력이 있었다'는 결론은 우리가 실험한 유기농 포도 홈쇼핑에 한정하여 유효하다. 따라서 제품의 성격과 마케팅 전략에 맞는 '팔리는 목소리'를 저마다 강구할 필요가 있다. 또한 사회적으로 논란이 되는 제품의 광고는 보다 신중한 접근이 필요하다는 사실도 확인했다. 왜냐하면 단순한 PPL 광고 정도로는 제품의 논란이 해소되는 효과는 거의 없는 반면 광고 모델의 이미지만 훼손된다는 것이 실험결과로 드러났기 때문이다.

이 실험에서 쇼핑 호스트 역할을 하며 연기혼을 불태우다 서울대 푸드비즈랩 출신의 첫 박사가 된 이동민 박사는 현재 한 국립대학교 교수로 재직 중이다.

미식가를 위한 팁

세일즈맨의 목소리와 외모에 너무 현혹되면 안 됩니다! 굳이 구매할 필요가 없었던 물건을 구매해서 후회하게 되는. 즉 영업당하는 것의 첫걸음은 결국 세일즈맨의 시각적인 부분과 청각적인 부분입니다. 그리고 하나 더. GMO가 무조건 몸에 나쁘거나 위험한 것은 아니랍니다. 뿐만 아니라 현재 국내에서 시중에 판매되고 있는 GMO 식품은 없습니다.

비즈니스를 위한 팁

업종과 각 상품에 맞는 세일즈 보이스가 존재합니다. 대면이든 비대면이든 판매하고자 하는 상품의 특성에 알맞은 목소리 톤과 속도를 찾아내고, 그것을 장착하고 영업하셔야 합니다. 상품이 크게 다르지 않다고 하더라도, 전달하는 목소리를 통해 고객에게 신뢰도를 심어줄 수도 있고 판매량도 끌어올릴 수 있습니다.

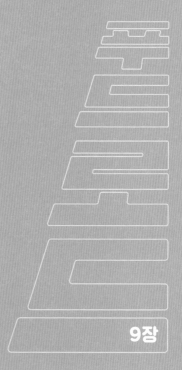

9장

신상품 개발을 위해 음료길만 걷다

푸드비즈랩은 단순히 '먹고 마시고 노는 것'을 연구하는 데만 머물러 있지 않다. 생산자들에게는 신뢰할 수 있는 비즈니스 솔루션을, 요리사들에게는 참고할 만한 데이터를, 소비자들에게는 제대로 된 식품의 가치를 알리는 역할을 함께 해내고 있다. 먹을거리를 둘러싼 환경을 긍정적으로 바꿀 수 있는 역량을 지닌 유일한 연구집단 푸드비즈랩이 앞으로 무슨 일을 하고 또 해낼 것인지 관련 업계 종사자들이 매의 눈으로 지켜보고 있는 이유이기도 하다.

장준우(셰프 & 푸드 라이터)

"보시다시피 오렌지 주스만의 문제가 아닙니다. 지난 7년 동안 국내 시장에서 감귤 주스, 포도 주스 등 거의 모든 종류의 주스들의 판매지표가 떨어지고 있습니다. 주스시장은 쇠퇴하고 있어요. 이건 잠깐 나타나고 바뀌는 현상이 아닙니다. 음료 트렌드의 거대한 변화라고 할 수 있어요."

빔프로젝터에서 발사된 빛줄기가 내 눈을 반쯤 멀게 하고 있었다. 슬라이드쇼 화면을 가득 채우고 있는 우하향의 그래프들. 나는 P사의 임원들을 대상으로 식품 트렌드에 관한 특강을 하고 있었다. 주스시장의 우울한 미래를 암시하는 자료를 보고 난 후 회의실에서는 적막감이 흘렀다. P사는 건강한 이미지의 고급 주스를 제조하여 판매하는 기업이다. 한 임원

"그렇다면… 과일이 안 들어간
탄산 주스를 만들면 어떨까요?!?!"

이 입을 열었다.

"맞습니다. 지금 사람들의 관심은 온통 다이어트와 건강에 쏠려 있어요. 그중에서 당분은 주스를 기피하게 만드는 요인으로 꼽히죠. 무작정 설탕을 넣어 달착지근하기만 한 주스를 만든 식품회사들의 잘못도 크지만 주스 자체에 대한 관심이 같이 떨어지고 있다는 게 가장 우려스럽습니다."

나는 고개를 끄덕이며 말했다.

"뭐랄까요. 요즘 사람들 분위기가 고기 먹고 살찌는 건 용납해도, 주스 정도를 먹고 살찌는 것은 용납할 수 없다, 이런 분위기입니다. 예전에는 아이들이 목마르다고 하면 엄마가 주스를 줬잖아요? 지금은 그런 엄마들 드뭅니다. 재미있는 사실은 주스 대신 탄산음료의 소비는 늘고 있다는 점이에요."

빔프로젝터의 빛이 다음 슬라이드로 넘어갔다. 탄산음료 그래프는 주스 그래프와는 반대로 우상향으로 치솟고 있다. 내가 설명을 시작하기 전에 P사의 또 다른 임원이 손을 들어 말했다.

"잠시만요. 우리 기업은 '건강한 식품'을 중요하게 생각합니다. 이제 와서 설탕을 넣은 탄산음료를 만든다는 건 저희 철학과는 맞지 않아서…."

P사 대표의 목소리가 회의실 뒤편에서 조용히 울려 퍼졌다.

"기후변화로 날씨가 갈수록 더워지는데 주스는 더 이상 드링커블drinkable하지 않습니다. 더울 때 소비자들이 주스를 찾아 마시지는 않을 겁니다. 탄산음료는? 쉽게 마실 수 있고, 또 더울수록 더 생각나지요. 그렇다고 우리가 사이다나 콜라를 만들 수는 없습니다."

무거운 침묵이 회의실을 짓눌렀다. 삐걱, 하고 의자를 앞으로 당기면서 나는 소리와 함께 P사의 대표가 턱을 두 손으로 받치며 조용히 입을 열었다.

"문 교수님, 우리 음료사업의 핵심인 주스 제품은 쉽지 않은 상황입니다. 솔직히 말하면 전망이 그리 밝진 않지요. 새로운 제품 콘셉트가 절실한데, 그 도움을 푸드비즈랩에 청하고 싶습니다. 미래에 새로운 시장을 열 수 있는 그런 음료, 그러면서도 우리 P사의 건강하고 자연친화적인 이미지와 어울리는 그런 음료의 콘셉트를 개발해주시죠."

갑작스러운 산학협력 제안이었다. 새로운 음료 콘셉트 개발, 그것도 전국의 마트와 편의점에 깔릴 음료라니. 지금까지 푸드비즈랩이 해결해온 문제들과는 또 다른 차원의 새로운 도전이 시작될 참이었다.

새롭고 건강한 음료 콘셉트를 개발하라

"일단 우리 랩 연구원들과 상의해보겠습니다. 제 마음대로 결정할 수 있는 일은 아니니까요…, 라고 얘기하긴 했어. 그런데 모두 관심 있지? 할 거지? 오케이지?"

연구실로 돌아온 나는 이렇게 말했다. P사 특강 중에 있었던 이야기, 그리고 대표로부터 직접 제안받은 프로젝트를 전해들은 연구원들의 얼굴에는 흥미로움과 걱정스러움의 상반된 감정이 떠올랐다. 결국 이들은 다양한 주스와 음료수를 많이 먹게 되어서 좋을 거라는 지도교수의 단순명료한 화법에 넘어가 새로운 음료 콘셉트 개발 프로젝트에 몸담게 될 것이 분명했다. 하루 세끼를 밥 대신 주스로만 '채워'본 적이 있는가? 우리는 있다. 프로니까. 그리고 한 달 후.

"대표님, 저희가 재밌는 사실을 알게 되었습니다. P사의 전체 매출지표를 살펴보니 여타 주스 브랜드들의 채널별 판매 구성과는 매우 다르더군요. 보통 주스들은 편의점에서 전체 매출의 35퍼센트 정도가 나지요. 인터넷 매출은 25퍼센트 정도입니다. 그런데 P사의 주스는 희한하게도 편의점에서의 판매 비중은 18퍼센트밖에 안 되고, 인터넷에서는 1퍼센트밖에 안 됩니다. 흥미롭습니다. 반면에 이마트와 같은 대형 마트에서 전체 매출의 60퍼센트가 나더군요. 일반적으로 주스들은 거의 안 팔리는 백화점에서 매출의 10퍼센트가 납니다."

나는 미팅 자리에서 판매시점관리Point of Sales, POS 데이터를 기반으로 지난 수년간 전국에서 판매된 모든 주스에 대한 유통 채널별 판매·분석 결과를 P사의 대표에게 전하고 있었다.

"그뿐만이 아닙니다. 저희가 지난 몇 주간 소비자들을 대상으로 인터뷰를 두어 차례 진행했어요. 그랬더니 P사의 주스 제품에 관해 독특한 현상이 나타나더군요. 간단하게 말씀드리면, 자녀가 있는 주부들은 P사의 주스가 자신들과 관련이 많은 제품이라고 생각하는 데 반해, 대학생들은 자신들과 별 관련이 없는 제품이라고 생각한다는 점이었습니다. 쳐다보지도 않는다는 거죠. 저는 이 포커스 그룹 인터뷰의 결과가 P사 주스 제품의 채널별 매출 비율이 왜 다른 주스들과 다른지 명확히 설명해준다고 생각합니다. 주부들이 자주 가는 대형 마트와 백화점에서 매출 비중이 극도로 크고, 대학생들이 자주 가는 편의점, 그리고 온라인에서는 매출 비중이 너무 낮은 거지요. 고급이지만 젊은이들을 끌어들일 매력 포인트는 부족한 것입니다."

P사의 대표는 의자에 묵묵히 앉아서 턱을 쓰다듬으며 이야기를 듣고 있었다. 나는 재빨리 그의 안색을 살피고는 다시 입을 열었다.

"대표님, 기분 나쁘게 들릴 수도 있겠습니다만…."

"아닙니다. 전혀 기분 나쁘지 않아요. 가감 없이 말씀해주세요. 좋습니다."

P사의 대표는 말을 계속 이어갈 것을 미소로 요청했다.

"네. 감사합니다. 게다가 아시다시피 미래의 유통 채널은 편의점과 온라인입니다. 마트와 백화점은 성장하고 있는 채널이 아닙니다. 그리고 주요 고객층도 다르지요. 새로운 음료 콘셉트를 저희가 준비할 텐데, 아이가 있는 주부와 젊은이들에게 동시에 어필할 수 있는 주스나 음료의 콘셉트를 개발하는 것은 불가능합니다. 정하셔야 합니다. 아이가 있는 주부입니까, 젊은이입니까?"

대표의 대답은 의외로 빨리, 시원하고 단호하게 나왔다.

"지금 우리 P사의 주스는 주부들로부터 꾸준한 사랑을 받고 있습니다. 그걸 알기에 주부 고객들에게 보답을 하고자 우리도 노력하고 있어요. 네, 맞습니다. 교수님이 말씀하신 대로 우리 P사는 아직 젊은이들, 대학생들을 위한 제품을 제대로 해본 적이 없습니다. 이제까지 가보지 않았던 새로운 길을 선택하는 것도 좋겠지요. 푸드비즈랩에 부탁드리겠습니다. 우리 P사가 만든 적이 없는 완전히 다른 음료 콘셉트를 제안해주세요. 주스가 아니라도 상관없습니다. 새로운 시장을 열어보겠습니다."

대표의 결연한 태도에 나는 큰 책임감을 느끼면서도 생각했던 것보다 판이 훨씬 커져간다는 사실을 깨달았다. P사의 기존 역량과는 큰 연관성이 없는 완전히 새로운 제품의 콘셉트를 개발하는 쪽으로 방향이 정해졌다. 이미 프로젝트에 참여한 랩의 구성원들은 대한민국에 출시된 거의 모든 음료를 마셔본 상태였다. 즉 국내 음료시장의 흐름에 대한 파악은 끝냈다.

그로부터 2주 후, 나는 두 명의 연구원과 함께 중국 상하이에서 열린 시알 차이나SIAL China를 찾았다. 아시아에서 규모가 가장 크고 전 세계의 식품과 음료가 모이는 이 식품 박람회에서 글로벌 음료의 트렌드를 분석하기 위해서였다. 우리에게는 전략이 있었다. 아침 식사 후부터 저녁 식사 전까지 전시장에서 시음하는 음료 이외에는 아무것도 먹지 않고, 박람회에 참여한 모든 음료 브랜드를 맛보며 콘셉트를 살펴보

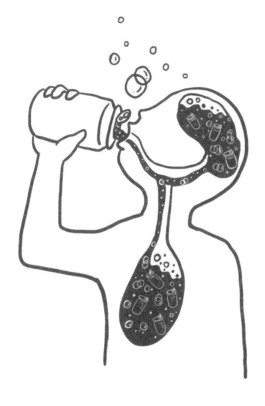

프로란…

겠다는 원칙. 상상을 초월하는 규모의 박람회에서 모든 음료를 살펴보려면 어쩔 수 없이 위장에 들어가는 것을 제한하는 것이 프로 아니겠는가?

우리 세 사람은 나흘 동안의 조사를 성공적으로 마치고 돌아왔다. 우리의 머릿속과 위장 속엔 음료수밖에 없었다. 어마어마한 양의 음료수를 맛보고, 어마어마한 양의 음료 제품 콘셉트를 조사하고, 어마어마한 양의 음료 샘플을 받아서 돌아왔다. 다행히 국내에는 음료수 반입 제한 규정이 없었다. 우리는 살이 더 쪄서 왔을까? 빠져서 왔을까?

출장에 함께했던 작은 덩치의 이서윤 연구원은 무려 2킬로그램이 빠져서 돌아왔다. 밥을 못 먹어서 그랬을까? 그렇진 않았다. 우리가 새롭게 발견한 것은 인간의 위장은 실은 밥이 들어가는 공간과 음료가 들어가는 공간이 분리되어 존재한다는 사실이었다. 아침과 저녁은 충분히 많이 먹었고, 그 이외의 시간에는 끊임없이 신제품들을 시음하고 관찰했다. 이 과정에서 우리는 시알 차이나의 가공할 만한 규모를 모두 체험하기 위해 하루에 대략 3만 보씩 걸어야 했다. 게다가 상하이의 5월은 충분히 더웠다.

우리 세 사람이 음료로 출렁이는 위장으로 상하이를 누비고 있을 때, 다른 연구원들은 한국에 남아 데이터베이스에 기반한 연구를 진행하고 있었다. 유로모니터 등 전 세계 시장조사기관으로부터 구매한 음료 신제품 관련 자료들을 통해 최근 3년간 미국, 영국, 프랑스, 독일, 이탈리아, 일본에서 출시된 6,982개 음료의 패턴과 특징이 무엇인지, 시장의 반응이 어떠한지에 대한 조사를 진행했다. 상하이의 연구원들이 온종일 음료수를 마셔댔다면, 한국의 연구원들은 빅데이터의 심연 속에서 눈이 빠질 때까지 음료수의 패턴을 뽑아내고 있었다.

또 다른 연구원들은 일본 도쿄에 있는 슈퍼마켓 여섯 곳의 음료 매대에 어떤 음료들이 올라오고 있는지를 조사했다. 유럽 전역에서 암약하고 있는 특파원들에게도 도움을 청했다. 우리 랩의 연구를 사랑해주셔서 자발적으로 시장조사를 도와주는 분들이다. 런던 특파원은 영국 음료 매대를, 헬싱키 특파원은 핀란드 음료 매대를 분석해서 보내주었다. 글로벌 음료 트렌드의 윤곽이 서서히 보이기 시작했다.

이렇게 소비자 인터뷰와 국내외 시장조사, 데이터베이스 분석을 종합하여 여덟 가지 신제품 음료 콘셉트를 도출해냈다. 쉽게 말하고 있지만 실제로는 만만치 않은 연구 과정이었다. '역대급' 글로벌 연구 과정이었다. 그걸로 끝이 아니었다. 어렵게 만든 여덟 가지 신제품 콘셉트를 객관적으로 품평받기 위해 국내 식음료 전문가 열 분을 모시고 두 시간 반 동안의 토론을 진행했다. 물론 내부 회의도 끊임없이 이어졌다.

신제품의 최종 콘셉트

이렇게 도출한 신제품의 최종 콘셉트 여섯 가지는 다음과 같다.

곡물 및 견과류를 원재료로 한 비非유제품 식물성 우유

비非유제품 식물성 우유를 활용한 식물성 요거트

유산균 워터

과일 주스와 티/허브를 결합한 음료

과일/야채를 발효한 발효 주스

특정 영양성분을 제공하는 과일/야채 블렌딩 음료

"자, 그럼 이렇게 선정하신 이유를 들을 수 있을까요?"

의자에 등을 기대며, P사 대표가 나에게 물었다.

"첫 번째 콘셉트부터 설명해드리죠. 요즘 채식을 선호하는 트렌드가 커지고, 유당불내증이 있어서 우유 대체품을 찾는 소비자들이 꽤 많습니다. 식물성 우유라고 하면 국내에선 주로 두유를 의미합니다. 천편일률적이랄 수 있는 두유의 맛과 식감을 극복한 새로운 맛과 식감의 두유를 개발하거나 귀리, 쌀, 코코넛 등을 활용해 한국인의 입맛에 맞는 새로운 식물성 우유를 개발하자는 것입니다."

"흠, 쉽지 않을 것 같은데요."

"그렇죠. 곡물을 가지고 비단처럼 부드럽고 매끈한 식감을 개발하는 문제는 간단하지 않을 겁니다. 기술적 고민이 필요한 콘셉트지요."

"좋습니다. 다음은요?"

"두 번째 콘셉트 역시 최근 증가하고 있는 채식 선호 트렌드와 궤를 같이합니다. 유럽에서는 요즘 식물성 요거트가 붐이라고 합니다. 해외 시장은 점점 커지고 있는데 국내에서는 아직 찾아보기가 힘듭니다. 국내의 몇몇 벤처 식품기업들이 식물성 요거트를 만드는 경우가 있지만 아직은 걸음마 수준이고요. 건강 때문에 요거트를 먹고 싶지만 유제품이 몸에 맞지 않는 사람, 채식 라이프 스타일을 선택한 사람들의 장 건강에 도움이 되는 음료 콘셉트입니다."

"시판용 제품을 만들기까지 추가적인 연구가 꽤 많이 필요하겠군요."

"맞는 말씀입니다. 그래서 이 경우는 관련 기술을 가지고 있는 해외 기업과 협업할 필요가 있어 보입니다. 그리고 세 번째 콘셉트는 유산균 워터입니다. 장 건강에 관심이 있는 소비자들은 점점 늘어나는데, 대부분의 유산균 음료들은 요거트나 유제품에 집중되어 있어요. 이 말인즉 드링커블한 음료 제품은 아직 없다는 거죠."

내가 눈을 찡긋 감자 대표 역시 빙긋 웃어 보였다.

"왜 요거트를 물처럼 마실 수 없을까요? 장에 좋은 유산균을 마시기 좋은 형태의 탄산감 있는 음료로 가공한다면 더울 때도 꿀떡꿀떡 마실 수 있을 텐데요. 미국과 유럽에서는 유산균의 일종인 케피르kefir를 활용한 다양한 음료가 출시되어 있습니다. 시큼한 맛이 나는 유산균을 우유가 아닌 다른 음료에 담으면서 어떻게 소비자들에게 어필할 수 있는 맛과 향을 만들어낼 것인지에 대한 고민은 기술적으로 풀어야 할 숙제지만요."

나는 브리핑을 계속했다. 네 번째 콘셉트는 과일 주스와 티와 허브를 결합한 음료였다. P사의 기존 주스 제조 역량을 활용하되 주스의 한계를 뛰어넘어보자는 의도였다. 보통 주스는 맛이 직선적이다. 달거나 시거나 둘 중 하나인지라 누구나 아는 뻔한 맛이란 인식이 있다. 이를 거꾸로 생각해 복잡하고 미묘한 향을 지닌 주스에 대한 아이디어를 착안했다. 즉 주스에 녹차, 홍차, 허브차 등 다양한 잎 스파이스를 잘 섞어서 맛과 향을 풍부하게 하고 조금 더 묽게 만들어서 더운 여름에도 음료수 대신 마실 수 있는 음료, 공부하면서도, 일하면서도 차 대신 편하게 마실 수 있는 그런 음료였다.

다섯 번째는 과채 발효 주스였다. 소비자들이 우려하는 주스의 높은 당 함량에 대한 우려를 정면으로 돌파하면서 동시에 최근 떠오르는 탄산에 대한 선호를 반영한 콘셉트였다.

"옳거니, 그거 신박하네요! 과일을 발효하면 당이 줄면서 탄산가스가 생기니까요."

P사 대표는 어느새 내 쪽으로 몸을 당기고 있었다. 나는 이야기를 이어갔다.

"게다가 요즘 여름 날씨가 너무 덥지 않습니까. 시원한 탄산음료가 생각나죠. 그럴 때 고급스러운 천연 탄산감이 올라오는 천연 과즙 주스라면 먹힐 수 있지 않을까요? 그런데 문제는 알코올입니다. 발효 과정에서 자연스럽게 생성되는 알코올을 억제하는 기술이 필요한데 쉬운 일이 아닙니다. 이 기술을 갖고 있는 업체나 연구소를 찾아봐야 할 것 같아요."

"그렇군요. 아주 흥미로운 콘셉트입니다. 마지막 콘셉트는?"

"여섯 번째는 특정 영양성분을 제공하는 과일, 야채 블렌딩 음료입니다. 이건 영국과 일본에서 어렵지 않게 찾아볼 수 있는 제품을 참고했습니다. 이 음료에는 소비자가 하루에 섭취해야 할 비타민, 미네랄 등에 대한 정보가 담겨 있습니다. 주스를 개발할 때 일일 섭취 영양소에 대한 고려와 명확한 정보 전달이 가능한 패키지가 중요한 콘셉트랄까요."

"친절한 음료지만 자칫 따분하고 재미없는 주스가 나올 수 있겠는데요."

"그래서 마케팅이 잘 풀어줘야 합니다."

"이야기 잘 들었습니다. 짧은 시간 동안 정말 많은 노력을 해주셨군요. 직원들을 대표하여 감사의 말씀 전해드립니다. 그런데… 이 여섯 가지를 다 개발할 순 없으니…."

궁극의 맛과 향을 지닌 음료

우리는 이 여섯 가지 최종 후보 중 두 가지를 골라내는 작업에 들어갔다. 시장성도 생각해야겠지만 개발에 너무나 많은 비용이 들면 곤란하다. 또한 식품은 처음 생각한 개념과 결과물이 다른 경우가 많아서 실제 구현하고자 하는 타깃 제품의 형태를 특정지어야 했다. 예컨대 '비단처럼 부드러운 실키한 식감을 가진 두유'라는 개념을 구현하면 수천 가지의 음료가 나올 수 있다. '실키하다'라는 개념이 실제로 구현되면 어떤 실키함이 될 것인가? 그래서 더 구체적인 프로토타입을 여러 차례 구현해보아야 한다. 다른 업체, 다른 국가에 어떤 구체화된 제품이 있는지도 조사해야 한다. 이제 트렌드와 개념이 아니라 구체화 작업이 필요한 단계에 들어섰다.

우리는 네 번째 콘셉트였던 과일 주스와 티, 허브를 결합한 음료가 과연 어떻게 구현될 수 있는지를 조사하기로 했다. 그러려면 음료의 맛과 향을 만들어내는 데 가장 뛰어난 사람이 필요했다. 물론 음료회사의 연구원들도 매우 뛰어나지만, 틀을 깨는 고민이 필요하다고 생각했다. 그래서 우리가 찾아간 사람은 바로 바텐더였다.

우리 푸드비즈랩과 함께 음료개발 연구에 참여한 서정현 바텐더는 세계 칵테일 개발 대회에 국가대표 자격으로 출전하여 수차례 우승한 경력이 있는 실력자다. 당시 허브를 활용한 칵테일 레시피를 개발하고 있었던 그는, 딱 우리가 찾던 '틀을 깨는 음료개발 전문가'였다. 우리는 며칠 동안 서정현 바텐더의 업장에 모여 다양한 주스와 허브를 활용한 음료를 제조하고 시음했다. 서정현 바텐더가 음료를 제조하면 우리가 맛을 보고 코멘트하며 맛과 향을 조절해갔다. 서정현 바텐더는 이렇게 말했다.

"10년이 넘는 제 바텐더 경력에서 가장 힘든 순간이었습니다. 보통은 음료를 만들어 손님께 드리면 서너 잔이 넘어가면서 취하시죠. 바텐더로서 손님들이 제가 만든 음료를 드시면서 살짝 취하며 즐거워하시는 모습을 보는 게 업무상의 즐거움이죠. 그런데 이건 무알코올이잖아요. 열다섯 잔도 넘는 음료를 만들어드렸는데 안 취하시니까 너무 어색한 겁니다. 뭐라 말할 수 없는 자괴감까지 몰려오더군요. 커다란 벽에 부딪혀서 전혀 앞으로 나가지 못하는 그런 느낌이랄까요?"

네. 고생 많으셨습니다. 하지만 마셔도 마셔도 안 취했던 저희도 나름 힘들었답니다.

신제품의 구체적인 특성을 뽑아내는 동시에 기술적인 고려도 필요했다. 최종 목표는 구현 가능한 음료 콘셉트였다. 말하자면 대량생산할 수 있어야 했다. 아무리 콘셉트가 좋아도 개발하고 생산하는 데 너무 많은 비용이 들거나, 좋은 음료임에도 구현해내기 어렵다면 그 콘셉트는 환상 속의 유니콘에 불과한 것이다. 그래서 P사 연구소의 연구원들과 몇 차례 만나 기술적 타당성, 구현 가능성에 관해 논의하고 여러 가지 문제를 해결했다. 그러나 여전히 풀리지 않는 문제들이 있었다. 그래서 우리는 지체 없이 유럽으로 날아갔다. 영국, 네덜란드, 이탈리아의 저명한 식품 연구소, 대학과 기업들을 만나기 위해.

쓰레기통으로 직행한 요거트

푸드비즈랩이 네덜란드 바게닝겐 지역의 한 식품 연구소를 찾은 시기는 2019년 6월 하순이었다. 나와 이동민 박사, 그리고 이서윤 박사과정 학생 세 사람은 새로운 음료를 개발하겠다는 일념으로 바다 건너 튤립의 나라까지 찾아갔다. 우리는 네덜란드의 식품과학자들과 함께 새로운 음료 콘셉트 개발에 관한 이야기를 나누었다.

먼저 전 세계적인 식품 관련 트렌드를 살펴보자. 그중 하나는 바로 채식이다. 단순히 말해 고기를 덜 먹겠다는 말씀이시다. 그런데 고기를 안 먹으면 단백질 섭취에 문제가 생기고 건강이 망가진다. 인간에게는 많은 단백질이 필요한데, 어떤 채식인은 우유에 있는 유단백으로 단백질을 보충한다. 우유, 요거트 등의 음료로 부족분을 메꾸는 것이다. 그런데 우유도 안 먹겠다면? 그랬을 때 남는 식물성 단백질이란 콩이 전부다.

한국, 일본, 중국은 공통적으로 두부를 먹는 문화권이다. 때문에 상대적으로 식물성 단백질 섭취가 쉽다. 게다가 한국인에겐 베지밀과 삼육두유에서 시작된 오랜 두유 섭취의 문화가 있다. 우리에겐 너무나 자연스럽고 맛있는 콩 요리가 미국과 유럽에선 그리 각광받지 못했다. 어릴 때부터 콩을 먹지 않았던 이들은 콩의 텁텁하고 비릿한 맛에 진저리친다. 네덜란드의 한 과학자가 먼저 이야기를 꺼냈다.

"우리는 두유의 불쾌한 콩 냄새를 획기적으로 없앨 수 있는 기술을 갖고 있습니다."

"아니 아니, 우리 한국 사람들은 그 냄새 별로 신경 안 써요. 우리는 유구한 두부와 두유의 역사가 있죠. 그리고 콩 잡내 없애는 건 한국이랑 일본 기업들이 전 세계에서 최고로 잘해요."

"그럼 무엇을 도와드리면 될까요, 프로페서 문?"

"유산균이 들어가 있는 식물성 요거트. 아침 식사 대용으로 먹을 수 있는 걸로요."

"오, 지금 유럽에선 우유를 전혀 쓰지 않은 식물성 요거트가 인기입니다. 채식인의 비율이 높은 서유럽에서 빠르게 성장하고 있죠."

"음, 이번에 유럽에 와서 식물성 요거트를 먹어봤는데, 두 가지 문제가 있는 것 같아요."

"그게 무엇인가요?"

유럽에 도착하자마자 우리 세 사람은 수많은 음료를 시음했다. 특히 관심이 간 것은 한국에서 아직 시장이 형성되지 않은 비유제품 식물성 우유를 활용한 식물성 요거트 제품들이었다. 채식인의 비율이 비교적 높은 영국, 벨기에, 네덜란드, 독일, 덴마크, 스웨덴 등의 서유럽, 북유럽 국가들에서는 식물성 요거트에 대한 수요가 상당하다. 이들 국가에서는 벨기에 A사의 식물성 요거트가 좋은 성과를 내고 있었다. 그래서 우리는 큰 기대를 갖고 A사의 식물성 요거트를 구매했다. 그러나 우리는 이 요거트들을 3분의 1도 먹지 못했고, 요거트들은 쓰레기통으로 들어갔다.

이동민 박사에 따르면 '뭔가 오묘한데 더 먹고 싶지 않은 맛'이었으며, 이서윤 연구원은 '괜찮은데요? 먹을 만한데?'라고 말하면서도 실제로는 더 먹지 않았으며, 내 생각에는 '순두부를 으깨 두유와 섞은 후 식초를 여덟 방울 떨어뜨린 맛'이었다. 한국인의 입맛에 맞지 않을 거라고 판단되었다.

"첫 번째로 신맛이 너무 강해요. 식초 맛이 나요. 이거 한국 소비자들이 안 좋아할 것 같은 산미예요. 두 번째로는 질감이 더 크리미해야 한국 소비자들이 좋아할 것 같은데, 지금 나와 있는 제품들은 질감이 좀 질질 흐르는 느낌이어서 한국 소비자들이 좋아하기 어려울 것 같아요."

그 자리에 있던 네덜란드의 식품과학자들 중 가장 나이 많은 과학자가 빙그레 웃으며 답했다.

"아! 질감은 우리가 잡을 수 있고, 맛도 잡을 수 있어요. 그런데 이런 문화적 배경이 있소이다. 우리 네덜란드나 벨기에, 독일, 덴마크 쪽은 일반적으로 우유로 만든 요거트에서도 산미가 중요하오. 시큼한 맛을 좋아하죠. 그래서 식물성 요거트에도 산미가 비교적 강하게 들어가 있소. 한국 사람들은 그걸 안 좋아하는 모양이구먼. 요거트에서 산미가 낮은 걸 원한다면… 이탈리아가 제격이오!"

"이탈리아?"

"그렇소. 예로부터 날씨가 더운 남유럽 지방에서는 음식이 시큼하면 상했다는 신호로 받아들였죠. 냉장고가 발명되기 전에는 흔한 일이었으니까요. 그래서 시큼한 맛을 북쪽 사람들만큼 선호하지 않습니다. 특히 유제품에선 더더욱."

이탈리아의 식물성 요거트를 찾아서

그리하여 한국에서 온 세 명의 음료개발자는 이제 네덜란드에서 이탈리아로 향했다. 물론 '신맛이 덜한 식물성 요거트'의 문제도 있지만, 푸드비즈랩이 음료에 대해 고민하는 또 다른 문제를 해결해줄 수 있는 선수들이 이탈리아, 그중에서도 볼로냐에 있다는 소문을 들었다. 우리는 볼로냐로 향했다.

볼로냐는 이탈리아의 에밀리아-로마냐주의 주도이며, 에

밀리아-로마냐 식품 클러스터의 중심이다. 인근에 모데나, 파르마 등의 도시들이 있는데, 이 도시들은 오래전부터 맛있는 음식들로 유명하다. 이 지역의 식품가공산업의 역사는 무려 로마시대까지 거슬러올라간다. 생산자들이 밀 농사를 지어서 파스타를 만들고, 돼지고기를 염장 숙성하여 프로슈토를 만들며, 우유로는 파르미지아노-레지아노 치즈를 만들고, 포도로는 람브루스코 와인과 발사미코를 1,000년간 만들어온 지역이다. 볼로냐 햄도 빠지면 섭섭하다. 이 에밀리아-로마냐 지역은 인근의 토스카나주, 피에몬테주와 함께 아그리투리스모Agri Turismo(농촌 관광, 농가 숙박)란 개념을 처음 만들어냈고, 6차산업이란 개념이 처음 태동한 곳이다.

우리는 이 지역 주요 대학의 식품공학과 바이오 과학 관련 교수들, 식품 관련 연구원들, 식품기업의 직원들과 만났다. 이탈리아 사람들은 북쪽 사람들보다는 우리와 기질이 잘 맞았다. 일단 사람들이 유쾌했고, 뭐든 물어보면 무조건 할 수 있다고 말했다. 우리가 이탈리아의 식문화에 관해 이야기하니, 잘 모르면서도 한국의 식문화를 칭찬(?)했다. 그러면서 "음식? 영국와 미국만 아니면 돼요"라고 덧붙였다.

우리가 원하는 식물성 요거트에 관해 질문하자, 파르마대학교의 교수이자 이곳 클러스터에서 중요한 역할을 하고 있는 한 노교수가 대답했다.

"여러분도 그쪽 요거트 맛 별로였죠? 저 북쪽 사람들은 이상하게 요거트를 시큼하게 만든다니까. 우리도 그런 산미는 별로예요. 여기엔 식물성 요거트를 만드는 회사들이 몇 개 있어요. 콩이 아닌 쌀로 식물성 요거트 만드는 회사도 있고요."

"맞습니다. 저 위쪽 동네에서 히트하고 있는 A사의 식물성 요거트 제품을 먹어봤는데, 한국 사람들에게 맞으려면 더 크리미해야 해요. 그 식초 같은 산미는 안 되겠더군요."

"우리 지역 근처에 식물성 요거트를 만드는 회사들이 몇 개 있지요. 아, 한국에선 쌀 많이 먹죠? 콩이 아닌 쌀로 식물성 요거트를 만드는 회사도 있어요."

이서윤 연구원이 물었다.

"진짜요? 어디서 살 수 있나요? 볼로냐 시내에 있는 슈퍼마켓에 가면 살 수 있나요?"

"아직은 아니에요. 출시한 지 2~3주밖에 안 되었고, 지금은 밀라노에서만 팔고 있어요."

내가 다시 물었다

"그거 아쉽네요. 그럼 콩으로 만든 두유 요거트는 어디서 구할 수 있나요?"

"조금 큰 슈퍼마켓에 가면 쉽게 구할 수 있어요. 채식을 선호하는 소비자들이 많아지면서 요거트용 냉장고 매대에서 식물성 요거트 제품의 비중이 커지고 있어요. 내가 젊을 때만 하더라도 이탈리아 사람이 채식을 한다는 건 있을 수 없는 일이었죠."

"저희가 방문할 수 있는 식물성 요거트 회사가 있을까요?"

"하하~ 물론이죠. 우리가 이미 섭외를 했어요. 내일 G사에 가보세요. 아주 큰 음료기업이에요. 원래 유제품을 생산하던 기업인데, 요즘은 우유와 요거트를 대체할 수 있는 식물성 음료도 생산하고 있어요. 주소는 좀 이따 주겠소."

"아, 좋습니다! 그런데 그 G사가 주스도 생산하나요? 우리는 주스에 관한 기술 조언도 필요합니다. 절실해요."

"아, 어떤 주스죠?"

"람브루스코 와인 같은 주스요. 그런데 알코올이 없어야 합니다. 발효가 되어 자잘자잘하고 고급스러운 자연 탄산이 올라오는 천연 발효 주스요. 무알코올로."

알코올 없는 발효 주스, 만들 수 있을까

　과일에 있는 당을 발효시키면 당이 효모의 먹이가 되면서 줄어들며 탄산이 나오고, 다양한 향미 물질과 비타민도 생성된다. 발효에서 매력적인 포인트 중 하나는 그 과정에서 알코올이 나온다는 것이다. 이 알코올은 어른들에게는 기쁜 일이겠지만, 아이들을 위한 음료라면 그리 반가운 일이 아니다. 천연 발효 과일 음료를 만들려면 알코올이 최대한 적어야 한다. 과일 발효의 또 다른 특징 하나! 발효 과정에서 당도가 내려간다. 달기만 한 주스가 아닌 발효에서 오는 복잡미묘한 향과 함께 과일의 향이 독특하게 올라온다.

　와인은 포도를 발효시킨 결과물이다. 잘 익은 포도를 압착하여 착즙하고 여기에 효모를 앉혀 발효시키면 와인이 된다. 원래 탄산도 함께 있지만, 우리가 흔히 마시는 와인은 숙성 과정에서 그 탄산이 대기 중으로 날아가 사라져버리기 때문에 탄산감이 없다. 반면에 탄산을 잘 보존하여 입안에서 터지는 기포를 제대로 느낄 수 있는 와인이 몇 가지 있는데, 그중 하나가 프랑스의 샴페인이고, 다른 하나가 이탈리아의 람브루스코 와인이다. 이 두 와인은 기포감이 특징인데, 만드는

알코올이 좀 있는 주스도 나쁘지 않을 것 같은데….

공정이 달라서 기포감이 서로 다르다. 진짜 과일이 발효될 때 발생하는 자연 탄산을 그대로 병에 잘 보존한 와인이 바로 람브루스코 와인이다.

콜라나 사이다를 마실 때 입안에서 느껴지는 탄산은 그 기포의 알이 굵다. 이 탄산은 우리에게 익숙한 그 탄산감을 자아낸다. 이런 음료의 탄산은 발효 과정에서 자연적으로 생긴 것이 아니라 나중에 주입한 것이다. 반면에 자잘자잘하고 보글보글 올라오는 람브루스코 와인의 기포는 완전히 다른 식감을 주는데, 자연 발효에서 나온다. 샴페인의 기포가 입안을 짜릿하게 자극한다면, 람브루스코 와인의 기포는 마치 잘 휘핑한 크림이 입안을 부드럽게 감싸다가 사라지는 느낌이다. 문제는 알코올이다. 이 독특한 기포감을 유지하면서도 알코올 함량을 1퍼센트 아래로 내릴 수 있는 방법은 무엇일까? 이 문제를 해결해야 한다. 이탈리아의 노교수가 호탕하게 웃으며 이야기했다.

"하하~ 가능해요. 알코올이 없는 발효 주스라…, 무알코올 람브루스코 와인, 하하하~ 재밌군. 그런데 G사는 과일을 가공한 주스는 생산하지 않아요. 거기는 유제품과 식물성 우유, 식물성 요거트만 만들죠. 내일 미생물 전문가들이랑 만나게 해주겠소. 무알코올 람브루스코 와인. 다 돼요~, 다 돼~."

다 된다고만 하니 어디까지 믿어야 할지 몰랐다.

우리 입맛에 맞는 식물성 요거트

우리는 미팅을 마치고 근처의 큰 슈퍼마켓에 들렀고, 거기서 판매하는 수많은 음료, 식물성 요거트 등을 맛보았다. 우리는 프로답게 마시고, 마시고, 또 마셨다. 그 결과 몇 가지 흥미로운 제품들을 찾았다. 그중 하나는 콩으로 만든 두유 기반 요거트였는데 맛을 보고 깜짝 놀랐다. 정말 그 노교수가 말한 대로 산미가 낮고 풍미가 깊은 식물성 요거트 몇 가지가 튀어나왔다. 네덜란드에서 만난 식품과학자가 말한 대로 이탈리아의 식물성 요거트가 우리 입맛에 맞았다. 와, 맛있었다! 유럽에서는 이렇게 다양한 식물성 우유, 식물성 요거트 제품들이 이미 출시되어 있었다.

다음 날 우리는 식물성 요거트를 생산하는 G사를 방문했다. 우리는 G사의 두유 요거트와 코코넛 요거트 라인들을 맛보았는데 맛이 훌륭했다. 이탈리아에 와서 맛본 식물성 요거트 중 최고는 아니었지만, 벨기에, 네덜란드, 독일의 식물성 요거트들보다 우리나라 소비자의 입맛에 훨씬 잘 맞았다. 식감은 물론 크리미했고 산미가 낮았다. 오리지널 제품과 함께 라임, 딸기, 민트, 망고 등의 과일 향이 잘 어우러진 제품 라인들이 구축되어 있었다. 식물성 요거트라고 말하지 않으면 이걸 콩이나 코코넛으로 만들었다곤 결코 알 수 없으리라. 다만 우유로 만든 요거트와 맛이 같진 않고 살짝 어색했다.

식물성 요거트를 원하는 국내 소비자는 마신 후 속이 좀 더 편하기를 원하고, 또 지속가능한 미래를 위해 채식을 하거나 유제품 소비를 줄이고 싶어 한다. 이런 식물성 요거트가 국내에 출시되면 과연 시장에서 성공할 수 있을까?

우리는 약속대로 이탈리아의 발효 전문가들과도 만나 과일·야채 발효 주스에 관한 기술적인 이야기를 나누었다. 이들은 발효 과일 주스의 알코올 함량을 1퍼센트 이하로 낮추는 두 가지 방법을 소개했다. 하나는 발효 시 알코올을 덜 발생시키는 효모를 선택적으로 접종시켜 알코올 자체가 덜 발생하도록 하는 방법이고, 다른 방법은 일단 알코올이 발생하도록 발효시킨 후 증류를 통해 제거하는 방법이었다. 그러나 두 가지 방법 모두 기술적으로 만만치 않은 일이었다.

번쩍! 하고 떠오른 음료 콘셉트

한국으로 돌아오기 전, 나는 영국으로 넘어가 시장조사를 하면서 한 대학 기숙사에 머물렀다. 방 안 책상 위에 다리를 올려놓고 멍하니 있는데, 그 책상 위에는 음료가 수십 병 놓여 있었다. 나는 문득 작은 병에 들어 있는 시큼한 주스를 들이켰고 저절로 인상이 찌푸려졌다.

"아우, 맛없어. 정신이 번쩍 드네."

그 순간 복잡했던 생각들이 하나로 휘릭휘릭 하고 모이면서 신제품의 콘셉트가 번쩍 하고 떠올랐다.

결론부터 말하면, 당장 기술적 난제를 해결할 수 없는 과채 발효 주스는 최종 후보에서 탈락했다. 아이들도 마시는 음료에 알코올이 조금이라도 함유되어 있으면 곤란하다는 판단 때문이었다. 물론 알코올을 제거하는 방법이 있었으나 그러기에는 기술 투자에 너무 많은 비용이 들었다. 그리고 비非유제품 식물성 우유도 최종 후보에서 제외했다. 이는 기술적인 이유 때문이 아니라 현재 포화상태인 한국 두유시장에서 새로운 시장을 추가로 열어나가는 것이 현실적으로 어려웠고, 마케팅 비용이 막대하게 들 것이 분명했으며, 기존 업체들의 강력한 보복이 예상되었기 때문이었다. 자, 그러면 이제 네 가지 후보가 남았는데 우리 푸드비즈랩이 P사에 최종 제안한 음료 콘셉트는 무엇이었을까?

  궁금하다면 편의점에서 P사의 음료 제품들을 확인해보시길 바란다. 우리는 P사에 두 가지를 최종안으로 제시했다. 그리고 더욱 구체적이고 상세한 제품의 콘셉트까지 제시했다. 힌트를 드린다. 하나는 사이즈가 작은, 건강하면서도 재밌는 샷shot 개념의 음료로 걸 크러시girl crush라는 아이덴티티를 담은 음료다. 다른 하나는 이 복잡한 시대에 오히려 미니멀 라이프를 추구하는 킨포크Kinfolk의 아이덴티티를 담은 음료다. 참, P사는 풀무원이다.

미식가를 위한 팁

과일은 즙을 내어 먹거나 갈아 먹는 것보다는 그냥 씹어 먹는 것이 건강에 좋습니다. 하지만 음식의 기능은 영양소 섭취와 건강 유지에만 있지 않죠. 맛있는 것을 먹을 때 누릴 수 있는 정신건강도 매우 중요하답니다. 주스든 콜라든 커피든 적당히 즐기세요. 한 가지 더! 집에서 과일을 갈아 마실 때 좀 더 즐겁게 마실 수 있는 방법이 있답니다. 깻잎, 바질, 로즈마리, 레몬그라스 등 허브를 조금씩 같이 넣어 드셔보세요. 맛이 복잡해지며 새로운 미각적 즐거움을 느낄 수 있을 겁니다.

비즈니스를 위한 팁

매년 감소하고 있는 주스시장을 바꿀 수 있는 방향은 딱 두 가지입니다. 당의 함량을 줄이는 것과 더운 여름에도 벌컥벌컥 마시고 싶은 주스를 개발하는 것입니다. 그러면서 주스가 가지고 있는 천연, 신선, 건강의 이미지를 더욱 부각하는 것이죠. 서울대 푸드비즈랩이 연구하면서 고민한 내용들이 도움이 되었으면 합니다. 풀무원 식품에서도 이 연구 내용을 공개하는 것을 쿨하게 허락해주셨습니다.

10장

왜 그들은 모여 있을까?
-식품 클러스터 원정대

푸드비즈랩 연구원들은 현장을 뛰어다니면서도 사회현상을 바라보고 해석하는 이론적 틀을 배우기 위해 수업을 듣고 문헌을 파고 세미나를 이어간다. 그러다 현장과 책상의 괴리와 일치를 번갈아 맛보기도 한다. 한없이 지쳐서 교수님을 붙잡고 짜증을 잔뜩 부리다가, 분석 결과가 가설대로 나오면 환호를 지르는 감정적인 기복을 경험한다. 현장과 책상 간의 아슬아슬한 균형이야말로 내가 경험한 푸드비즈랩의 강점이며 매력 포인트다.

이동민(강릉원주대학교 식품가공유통학과 교수)

클러스터cluster는 사회와 국가 단위에서 공조를 이루며 개별 소비자와 생산자들을 물심양면 지원하는 시스템을 의미한다. 음식 얘기 잘하다가 마지막에 무슨 딱딱한 이야기를 하냐고? 마지막이라서 하는 이야기다. 재미없는 이야기를 책 앞머리에 넣을 수는 없지 않겠는가? 하지만 음식과 사회·문화·산업·경영·국가와 관련해 아주 중요한 이야기다.

클러스터는 '잘 가꾼 시스템' 하나가 얼마나 멋진 음식문화로 이어지는지를 보여주는 훌륭한 예시다. 잘 만들어진 식품 클러스터는 어떤 특징이 있을까? 한국에 좋은 식품 클러스터를 만들 수 있을까? 제대로 된 식품 클러스터를 만들려면 어떻게 해야 할까? 이런 고민을 안고 우리 푸드비즈랩은 '클러스터의 비밀(?)'을 찾는 여정에 올랐다.

클러스터는 어떻게 만들어지는가

클러스터는 흔히 포도송이에 비유된다. 한 지역에 특정 산업과 관련된 기업, 원자재 생산과 유통을 담당하는 인력과 기관이 모여 있는 모습이 한 가지에 송골송골 맺혀 있는 포도송이를 연상시키기 때문이다. IT 산업의 요람인 미국 실리콘 밸리나 수제화 공장과 매장이 몰려 있는 우리나라 서울의 성수동이 클러스터의 대표적인 사례로 꼽힌다. 식품 클러스터라면 식품 관련 산업이 집약된 지역을 의미하는데, 우리나라에는 정부가 주도하여 전라북도 익산시에 만든 '국가식품클러스터'가 있다.

우리나라처럼 정부가 클러스터를 만드는 경우는 흔치 않다. 유럽을 살펴보면 이미 1,000년 전에 클러스터와 유사한 협력 공동체가 만들어진 흔적들을 찾을 수 있다. 클러스터의 조상이라고 할 수 있다. 이탈리아가 좋은 사례다. 이탈리아의 각 지역에서는 농사를 짓고 가축을 기르면서 다양하고 고유

스웨덴 스코네 식품 클러스터

네덜란드 푸드 밸리

이탈리아 에밀리아-로마냐 클러스터

한 음식문화를 만들어왔다. 그 지역에서 생산되는 우유로 치즈를 만들고, 그 치즈에 어울리는 파스타 같은 음식을 만들면서 다른 지역과 차별화되는 음식문화가 완성된 것이다. 이러한 지역 기반의 공동체 문화가 로마시대부터 자연스럽게 형성되어왔다. 이 지역 농가들이 생산한 식품의 역사만 보더라도 클러스터의 형성은 1,000년은 더 된 것으로 추정된다.

이렇게 역사와 생활에 밀착하여 오늘날까지 전해지고 있는 유럽의 식품 클러스터를 더욱 견고하게 만드는 것은 지방 정부나 대학, 기업의 지원이다. 클러스터를 연구한 결과들에 따르면 성공한 클러스터일수록 대학과 기업과 정부의 유기적 결합이 돋보인다. 마찬가지로 이탈리아 중북부 지역에 위치한 에밀리아-로마냐의 주정부는 농가 중심으로 구성된 지역 공동체를 지원하고, 볼로냐대학교, 파르마대학교 등 인근 대학에서는 생물공학, 식품공학, 경영학, 농업학 등 여러 분야의 학자들이 클러스터 내 기업들과 협업한다.

또 다른 사례는 세계 제일의 식품 클러스터 푸드 밸리가 있는 네덜란드에서 찾을 수 있다. 푸드 밸리가 '글로벌 넘버 원'이란 호칭을 얻게 된 데는 바게닝겐대학교의 역할이 크다. 농업을 중심으로 한 농산물 연구는 식품 가공, 혁신적인 아이디어 접목, 생산 공정에 관한 노하우 축적으로 이어졌고, 그러다 보니 많은 식품 관련 기업이 학교 근처로 이전하게 되었다. 자연스레 지역에 많은 고용이 창출되자 동네덜란드개발국은 푸드 밸리에 부동산과 세금 혜택, 연구비 등을 지원하며 본격적인 클러스터 구성에 나섰다.

이렇듯 클러스터의 본산지인 유럽에서는 자연발생적으로

형성된 지역 공동체에 대학과 정부와 기업의 지원이 추가되면서 더욱 공고한 지역 사회·문화·경제 공동체가 만들어졌다. 이러한 과정이 없는 한국은 국가가 주도하여 단기간에 클러스터를 구축해야 하는 만큼 다양한 문제점과 과제에 직면한다. 전 세계적으로 유명한 식품 클러스터들의 경쟁력은 무엇에 기반하고 있을까? 아직 걸음마 수준인 한국이 채워야 하는 것은 무엇일까?

해외의 다양한 클러스터

우리 푸드비즈랩은 우선 몇 가지 클러스터 이론에 기반하여 사전조사를 하고 우리나라에 적합한 클러스터 모델 몇 가지를 추린 후 유럽으로 날아가 그곳의 클러스터를 살펴보기로 했다. 한편으론 스웨덴, 네덜란드, 이탈리아의 대학 연구소 관계자들에게 공동연구를 제안했다. 다행히 반응이 호의적이어서 우린 그 지역에서만 확인할 수 있는 자료들을 얻을 수 있었다.

푸드비즈랩이 첫 번째로 방문한 클러스터는 이탈리아 에

밀리아-로마냐의 클러스터다. 이 지방의 가장 큰 특징은 뭐니 뭐니 해도 자연환경으로, 특히 낙농업 분야가 강세다. 예로부터 농업이 두드러지게 발달하고 생산력이 뛰어났던 에밀리아-로마냐는 1970년대 들어 정부의 지원을 받아 클러스터를 형성하기 시작했다. 1974년에는 지역 내 대학^U과 산업^I, 정부^G, 즉 UIG 네트워킹을 통해 지역 산업의 발전을 촉진하기 위해 지역개발기구를 설립했다. 이때부터 본격적으로 육류, 유제품, 관련 가공식품 생산에 특화된 클러스터로 발돋움하기 시작했다.

에밀리아-로마냐 클러스터의 또 다른 특징은 생산자협동조합을 기반으로 하기 때문에 1차 농산물의 의존도가 높은 편이며, 기업 규모가 크지 않고 중소 규모의 생산자 기업들이 많다는 점이다.

우리가 두 번째로 방문한 식품 클러스터는 스웨덴 남부지역에 있는 스코네 식품 클러스터다. 낙농업으로 유명한 이 지역에도 농민들과 식품업체들이 모여들면서 클러스터가 형성되었다. 현재는 첨단 기능성 식품이 트레이드마크인 '바이오-식품 클러스터'로 명성을 얻고 있다. 이곳의 역사는 에밀리아-로마냐처럼 길지는 않다. 1995년 스웨덴이 유럽연합^{EU}

에 가입할 때 자국 식품산업의 경쟁력이 약화될 것을 우려해서 정부와 영세기업, 그리고 룬드대학교가 스코네 지역의 대학 네트워크를 활용하면서 클러스터가 갖춰졌다.

스코네 식품 클러스터는 한때 외레순 클러스터라고도 불렸다. 외레순 대교Öresundsbron로 연결된 덴마크와 스웨덴이 공동으로 협업해 만들었기 때문이다. 하지만 양국 간의 이해관계가 틀어지면서 현재는 스웨덴이 독자적으로 운영하고 있다.

스웨덴은 농산물과 가공식품 생산을 앞세운 이탈리아와 달리 지식 관련 산업들이 발달한 편이다. 그래서인지 스코네에서는 제조공장들의 생산 활동보다 기업 사무실에서 정보를 나누는 모습이 더 많이 보였다. 1차 산업보다 관련 산업의 발달이 두드러진 스코네 식품 클러스터를 보자니 식품 포장으로 유명한 기업 테트라팩tetra pak이 스웨덴에서 나온 이유가 있다는 생각이 들었다.

스웨덴 다음으로 방문한 곳은 네덜란드의 푸드 밸리다. 푸드 밸리는 네덜란드 동부 바게닝겐 일대에 위치한 클러스터로 식품과 건강산업 분야에서 세계적인 경쟁력을 갖추고 있다. 면적으로 따지면 경상도와 전라도를 합친 정도인 네덜란드는 미국과 프랑스에 이어 세계 3위의 농축산물 수출국인 농업 강국이다. 전체 농가의 25퍼센트가 연간 소득 1억 원에 육박하는 고소득 원예작물 농가라고 한다. 2008년 자료를 기준으로 네덜란드는 총 837억 유로의 농산물을 수출했으며, 이 가운데 푸드 밸리의 연매출은 470억 유로(우리 돈으로 약 75조 원)에 달한다. 이는 네덜란드 국내총생산의 10퍼센트를 차지하는 엄청난 수치다.

약 70만 개의 직간접적 고용 창출 효과를 발휘하는 푸드 밸리는 네덜란드에 복덩이일 수밖에 없다. 이 때문에 정부는 연구개발R&D 비용 세금 감면, 산학협동 사업 보조금 지급 등 다양한 지원 정책을 푸드 밸리에 제공한다. 이러한 지원은 바게닝겐 일대의 대학과 연구기관, 기업들의 네트워크 형성을 촉진하는 선순환으로 이어진다.

푸드 밸리 클러스터의 전체적인 분위기는 스웨덴 스코네 식품 클러스터와 비슷하지만 좀 더 대학 중심으로 운영되고 있었다. 이곳을 방문했을 때 가장 인상적이었던 것은 바게닝겐대학교 안에 있는 한 레스토랑이었다. 겉보기엔 평범한 학생식당 같지만, 실제론 산학 공동연구가 이루어지는 그야말로 '살아 있는 연구소'였다.

레스토랑을 이용하는 사람들은 자신의 모든 정보가 연구에 활용되는 데 동의한다. 뷔페식으로 꾸며진 식당엔 손님들이 모르게 카메라와 IT 장비들이 설치되어 있다. 이 장치들은 손님들이 어떤 메뉴를 더 많이 집는지, 어떤 상품을 더 많이 구매하는지, 어떤 접시와 포장이 더 많은 선택을 이끌어내는지, 어떤 식탁보와 조명기기를 이용했을 때 더 많이 먹고 더 오래 머무는지를 속속 기록한다. 이처럼 실제 경험에서 수집하는 데이터는 설문조사로 얻은 자료와는 또 다른 현장성이 있다. 대학과 기업이 함께 투자하여 만든 이 '더 퓨처 레스토랑'은 산학 공동연구의 대표적인 사례로 꼽힌다.

소비자가 까다로워져야 산업이 발전한다

전라북도 익산에 이제 막 건물을 지으며 클러스터를 시작한 우리나라는 오랜 역사와 함께 성장해온 유럽의 클러스터들과 비교할 때 많은 면에서 부족할 수밖에 없다. 하지만 클러스터의 중요한 역할을 알게 되었으니 현 시점에 할 수 있는 일, 해야 하는 과제를 찾아 해결해가면서 앞으로 나아가야 한다.

우선 소비자들이 까다로워져야 한다. 생산자가 주도하여 산업을 이끌던 시대는 이미 지났고, 이제는 트렌드와 문화적 지식을 겸비한 소비자가 선봉장 역할을 맡고 있다. 더군다나 인구 절벽으로 내몰려 시장 구매의 규모가 점차 줄어들고 있는 우리나라는 소비자의 구매의 질 향상에 사활을 걸 수밖에 없다.

소비자의 입맛이 까탈스러워지면 정말 산업도 같이 성장하냐고? 물론이다. 현재는 식품이 가격과 약성藥性 위주로 소비되고 있지만, 쌀을 품종에 따라 고른다거나 닭과 돼지, 감자를 취향과 용도에 따라 달리 구매하는 문화가 정착된다면 생산자는 다양한 시장을 가지게 된다. 이러한 변화가 생기면 산업이 장기적으로 안정화되고 장래성도 밝아진다. 푸드비즈랩의 목표 역시 '내 용도에, 내 입맛에 맞는 식품에 기꺼이 제값을 지불하는 문화'의 확산에 있다.

더 잘 먹고, 잘 마시고, 잘 노는 미래를 위해

소비자들이 까다로워지면 산업에 강한 요구가 들어온다.

그 요구를 충족시키기 위해선 혁신을 해야 한다. 이 혁신을 만들어내기 위해 식품 클러스터가 형성된다. 유럽에서 성공한 식품 클러스터들을 살펴보니 대학과 산업과 정부의 유기적인 협력이 무척 중요했다. 우리는 클러스터 이론이 이론에만 그치지 않고 실제로 어떻게 구현되고 있는지 확인할 수 있었다. 대한민국의 소비자들도 시간이 갈수록 더 까다로워지고 있고 식품산업계에 더 크고 더 많은 요구를 하고 있다. 더 잘 먹고, 더 잘 마시고, 더 잘 노는 미래를 요구하고 있는 것이다. 따라서 우리도 혁신이 필요하고, 이를 주도할 클러스터가 필요하다.

식품 분야에서 혁신 클러스터를 만들어내기 위해 가장 필요한 것은 대학의 역할 변화다. 여전히 우리나라 대학교수의 아이덴티티는 선비정신의 계승이다. '속세'라 불리는 세상과 거리를 두는 것을 미덕으로 여기고, 학생을 가르치고 논문 집필에 열중한다. 이러다 보니 현장에서 필요로 하는 연구, 현장에서 필요로 하는 인재 양성에 대한 한계가 명확하다. 주위를 둘러보고 속세로 들어가서 자신이 할 일을 찾아야 한다. 대학은 자신이 속해 있는 지역의 문제를 해결하고 실질적인 가치를 창출할 수 있는 기업가적 대학으로 진화해가야 한다.

지역의 산업이 원하는 인재를 길러내고, 필요한 기술을 개발하고 이전해주는 방향으로 말이다.

또한 대학, 산업, 정부, 연구소 등 클러스터 내 여러 주체들 간의 긴밀한 네트워킹이 중요하다. 전 세계를 대표하는 IT 클러스터인 실리콘 밸리의 혁신은 바에서 출발한다는 말이 있다. 주거 도시인 팰로앨토로 들어가는 입구에 위치한 이 바는 퇴근시간이면 일을 마친 기업인과 금융 관계자들로 붐비는데, 이들이 술을 마시며 나누는 잡담 모임이 교류를 활성화하고 혁신을 만들어낸다는 얘기다. 핵심은 네트워크다.

우리 식품산업의 혁신을 만들어내기 위한 클러스터는 장구한 역사나 막대한 자본, 국가적 정책만으로 가능한 것이 아니다. 서로 교류할 수 있는 유쾌한 프로그램을 만들고, 최근 관심사에 대해 허심탄회하게 토론도 할 수 있다면 바로 그 자리가 클러스터의 시작이다. 그러니 우리, 허심탄회하게 얘기합시다!

꽤 오래 전의 일이다. 우리 서울대학교 푸드비즈랩의 단골 막걸리집에서 있던 일이다. 당시 이 막걸리집은 한류와 막걸리 붐을 타고 일본 오사카까지 진출했다. 오사카 도톤보리 부근 메인 스트리트에 자리를 잡고, 일본의 30~40대 직장인 여성들을 주요 고객으로 하는 가게였다. '퇴근 후 한국의 맛있는 음식과 막걸리를 같이 먹을 수 있다!'는 콘셉트에 한류 드라마 속 한국 배우들처럼 키 크고 잘생긴 남성 직원들까지 준비는 완벽했다.

한국의 외식 1번가는 아무래도 서울이겠지만, 일본의 경우는 도쿄가 아니라 오사카로 꼽힌다. 오사카에서 성공하면 도쿄로 진출하는 것이 일본 외식업의 왕도라 할 수 있다. 일본의 옛 수도 교토 사람들은 입다가 망하고 오사카 사람들은 먹다 망한다는 말이 있을 정도로 오사카의 음식 사랑은 대단하다. 실속 챙기면서 먹는 것을 즐기는 오사카 사람들의 입맛을 사로잡는다면 이를 교두보로 도쿄 진출은 더 쉬워진다. 이를 염두에 둔 이 막걸리집의 도전은 철저한 준비로 성공하는 것처럼 보였다. 그런데 사장님의 고민이 시작됐다.

가게가 오픈하자 매장엔 젊은 여성 손님들로 북적였다. 여기까진 좋았다. 사장님이 내게 토로한 고민도 바로 여기에 있다. 사연인즉, 일본 손님들이 한국 음식은 정말 맛있게 잘 먹는데 막걸리는 홀짝이기만 할 뿐 예상보다 많이 즐기지는 않는다는 것이었다. 더군다나 우리 생막걸리는 오래 보관할 수도 없어서 판매가 안 되면 재고를 죄다 버려야 하니 걱정과 손해가 이만저만 아니었다. 더군다나 이쪽(?) 세계는 물을 팔아야 돈이 남는 구조 아닌가. 한국의 독특한 음주문화인 '원샷', '잔 돌리기', '파도타기' 등을 만화로 그려 매장 안에 붙여 분위기를 북돋고자 했지만 별 소용이 없었다.

"교수님, 그래서 혹 일본에 오실 일이 있으면 매장에 한 번 들러서 뭐가 문제인지 봐주십시오!"

그의 절박한 부탁을 외면할 순 없었다. 또 자칭 음식 문제

해결사 아닌가! 마침 오사카에 볼일이 있어 흔쾌히 요청에
응했다.

약속대로 오사카의 막걸리집을 방문한 때는 오후 다섯 시
경. 매장의 인테리어와 주방, 음식들을 둘러보았다. 흠잡을
데가 딱히 없었다. 홀은 깨끗했고 벽에는 한국적인 멋이 현대
적으로 해석된 장식물들이 적절한 위치에 걸려 있었다. 여섯
시가 넘으니 손님들이 하나둘씩 들어온다. 역시 주요 타겟인
30~40대의 일본인 여성들이다. 정갈한 한식 요리가 아름다
운 그릇에 담겨 나왔고, 서비스하는 남자 직원들은 하나 같이
훤칠하고 매너가 좋았다. 막걸리 서빙도 완벽했다. 한국에서
직접 공수해와 크리스탈 병에 담은 뒤 우리나라 전통 도자기
잔과 함께 제공했다. 아무 문제도 없어 보였다. 나는 관찰을
계속했다. 그런데 아니나 다를까, 전해들은 이야기대로 일본
손님들은 한국 음식(심지어 꽤 매운 요리였다)은 잘만 먹는데, 막
걸리는 홀짝이기만 하는 게 아닌가.

곰곰이 관찰했다. 왜 막걸리를 홀짝이기만 하지? 유독 막
걸리에 대한 뜨뜻미지근한 반응이 궁금했다. 식사 중인 일본
손님들의 표정은 다들 너무 즐거워 죽겠다는 표정이다. 요리
나 조명, 서비스의 문제는 아니었다. 나는 해결사를 자처했음

에도 답을 찾기 어려웠다.

"음…, 뭐가 문제인지 솔직히 잘 모르겠네요. 일본 사람들이 우리보다는 음주가 약해서가 아닐까요?"

"그런가요."

결국 체면만 잔뜩 구겨진 채 귀국한 해결사.

그런데 몇 주 뒤에 다시 만난 막걸리집 사장님은 유레카! 유레카! 하고 소리치며 시실리 시라쿠사의 거리를 뛰어다니던 아르키메데스 같은 표정으로 내게 말했다. 드디어 원인을 찾았다는 것! 그의 머리 뒤편에선 승리의 팡파르가 울리고 후광이 비추는 듯했다.

해결의 실마리는 가까이에 있었다. 해결사가 소득 없이 떠나가고 사흘 뒤, 한 재일교포 3세 외식 컨설턴트가 매장을 방문했다. 매의 눈으로 매장 내 손님들을 관찰하던 그 컨설턴트로부터 사장님은 뜻밖의 제안을 듣게 된다. 가게에서 사용하는 막걸리잔을 도기에서 맥주잔으로 바꾸라는 것이다. 아니, 아무리 그래도 탁주를 맥주잔에 따라 마시라니… 한국에서는 그렇게 하지 않는다는 설명에도 컨설턴트는 속는 셈 치고 딱 하루 저녁만 해보라고 제안했다고 한다.

그리하여 사장님은 다음날, 미심쩍은 마음을 반쯤 버리지 못한 채로 막걸리잔을 맥주잔으로 교체하여 테이블 위에 놓았다. 그런데 거짓말처럼 손님들이 막걸리를 들이키기 시작했다! 막걸리 판매량이 급속하게 늘어났다. 이건 도대체 어떤 흑마술인가?

정답풀이는 다음과 같다. 다도 문화에 익숙한 일본인에게 도기잔은 차를 마실 때의 습관을 무의식적으로 환기시킨다. 그래서 도기잔에 담긴 막걸리를 마실 때에도 다도의 행동이 나오는 것이다. 조심스럽게 입을 대고 막걸리를 차 마시듯 살짝 홀짝인 후 다시 내려놓는다. 그런데 잔을 맥주잔으로 바꾸니 자연스럽게 맥주 마실 때의 습관이 튀어나오면서 막걸리를 시원하게 들이키는 손님들이 늘어났다. 본질인 막걸리는 전혀 바뀌지 않았는데, 그릇을 바꾼 것만으로도 사람들의 행동이 완전히 달라진 것이다.

가게는 이 '화타를 만난 사건' 이후 손익분기점을 돌파했다. 본질이 아닌 껍데기만 바꾸었을 뿐인데 기업의 운명이 바뀐 것이다. (아니, 어쩌면 껍데기가 본질인가?)

서울대학교 푸드비즈랩 초기에 있었던 이 사건은 나와 우리 랩의 연구방향 설정에 큰 영향을 주었다. 먹고 마시고 노는 것을 이해하는 것은 결국 인간을 이해하는 것에서 출발한다. 즉 음식산업은 소비자의 문화와 심리, 행동을 이해하는 것이 핵심이다. 우리 푸드비즈랩이 그토록 먹고 마시며 찾으려는 것은 소비자의 마음이고, 소비자의 마음을 열 수 있는 열쇠다. 머리말에서 우리가 더 잘 먹고 더 잘 마시고 더 잘 노는 세상을 만드는 데 일조하고 있는지 판단을 부탁드렸다. 이 책을 다 읽으신 지금, 어떻게 생각하시나요?

푸드비즈랩 졸업생들을 일일이 만나 재학 시절의 상황을 녹취하고 이를 바탕으로 밑글과 플롯을 짜주신 이준하 작가님께 감사의 마음을 전합니다.

미처 풀지 못한 푸드비즈랩의 이야기가 많이 남아 있습니다. 이 책의 마지막을 쓰는 이 순간에도 푸드비즈랩은 더 나은 세상을 만들기 위해 열심히 뛰며 새로운 이야기를 만들어가고 있습니다. 이 책 10쇄 가면 2편 쓰겠습니다!

푸드 로드
음식 트렌드를 찾는 서울대 푸드비즈랩의 좌충우돌 미각 탐험기

1판 1쇄 발행 | 2020년 4월 7일
1판 2쇄 발행 | 2021년 6월 28일

지은이 | 문정훈 그리고 서울대학교 푸드비즈랩
펴낸이 | 박남주
펴낸곳 | 플루토

출판등록 | 2014년 9월 11일 제2014 - 61호
주소 | 04083 서울특별시 마포구 성지5길 5 - 15 벤처빌딩 510호
전화 | 070 - 4234 - 5134
팩스 | 0303 - 3441 - 5134
전자우편 | theplutobooker@gmail.com

ISBN 979-11-88569-15-1 03300

이 도서의 국립중앙도서관 출판시도서목록(CIP)은
서지정보유통지원시스템 홈페이지(http://seoji.nl.go.kr)와
국가자료공동목록시스템(http://www.nl.go.kr/kolisnet)에서 이용하실 수 있습니다.
(CIP제어번호: CIP2020010225)